Einfach lebe

Einfach leben

极简生活家

DER GUIDE FÜR
EINEN MINIMALISTISCHEN
LEBENSSTIL

极简主义生活指南

[德] 莉娜 · 雅赫曼（Lina Jachmann）/ 编著
张鸣镝 / 译

广西师范大学出版社
· 桂林 ·

Cover: Jois Lundgren (ljos.de)
Book design: Esther Schwarz (estherschwarz.com) and Jois Lundgren
Typeset: Esther Schwarz
Styling of cover, flatlays and DIYs: Andrea Augustin
First published in the German language in 2018
Original German title: Einfach leben - Der Guide für einen minimalistischen Lebensstil

图书在版编目（CIP）数据

极简生活家：极简主义生活指南 /（德）莉娜·雅赫曼编著；张鸣镝译. —桂林：广西师范大学出版社，2021.3

书名原文：Einfach leben – Der Guide für einen minimalistischen Lebensstil

ISBN 978-7-5598-2424-0

Ⅰ. ①极… Ⅱ. ①莉… ②张… Ⅲ. ①生活方式－通俗读物 Ⅳ. ① C913.3-49

中国版本图书馆 CIP 数据核字（2019）第 263793 号

极简生活家：极简主义生活指南
JIJIAN SHENGHUOJIA: JIJIAN ZHUYI SHENGHUO ZHINAN

责任编辑：季　慧
装帧设计：马韵蕾

广西师范大学出版社出版发行
（广西桂林市五里店路 9 号　　邮政编码：541004
网址：http://www.bbtpress.com）
出版人：黄轩庄
全国新华书店经销
销售热线：021-65200318　021-31260822-898
上海利丰雅高印刷有限公司印刷
（上海庆达路 106 号　邮政编码：201200）
开本：710mm × 1 000mm　1/16
印张：14.75　字数：190 千字
2021 年 3 月第 1 版　2021 年 3 月第 1 次印刷
定价：88.00 元

COLLECT
MOMENTS,
NOT
THINGS
收 集 美 好 时 刻 ， 而 非 物 品

前言

极简主义，让你拥有更多时间、更多快乐、更多财富，以及更多自由。

什么是极简主义？是一种趋势，一种工具，一种心理状态，还是一种运动？几乎每个人都在谈论极简，但它到底是怎么一回事呢？首先要告诉大家一点：极简主义并没有固定的规则。极简主义者不是为了获得财富，也没有特定的问题需要解决。有些东西对某个人来说很多余，对另一个人来说却恰到好处。这并不是在斤斤计较，而是在为生活中能让我们真正感到快乐的事物腾出空间。

人们对极简主义感兴趣的原因多种多样。一些人热爱的是极简主义美学；一些人觉得极简是要在与自然和谐相处的同时，尽可能地节约资源；还有一些人则希望通过极简掌控自己的生活。

极简生活

加入极简“旅行”，你可以了解极简的生活方式以及与它相关的各个方面。这里没有教条式的大道理，因为极简主义不是说教。本书从家居、时尚、健康和生活方式四个方面讲述了一些极简主义者的故事和他们各自的极简主义理念，还介绍了他们制作的极简主义产品。例如，在《极简主义·家居》一章中，我们可以从细微之处来看一看不同的极简主义者是如何生活的：从全部家当仅有50件、睡在吊床里的约阿希姆·克勒克纳，到提着行李箱过了多年流浪生活后第一次定居下来的珍妮·伯格奎斯特和大卫·辛格林，再到居住在海边8平方米宿营车中的康斯坦丁·佩福斯。在《极简主义·时尚》一章中，我们讨论了关于人们到底需要多少件衣服，以及如何打造一个只由自己喜欢的衣物组成的衣帽间的问题；讲到了一些可持续发展的现代绿色时尚品牌，如JAN ‘N JUNE，它因简约、利落的剪裁而受到人们的喜爱；也讲述了“共享模式”的服装店，在这些店里，衣服可以像书一样被出租和外借。在《极简主义·健康》一章中，我们为读者介绍了很多好用的磨砂膏、香体止汗剂以及牙粉的DIY配方。它们制作起来十分简单，只需少量的材料，即使是不擅长手工制作的人也可以轻松完成。同时，本章讲述了莉娜·格林和她的家人在自己的小菜园中种植时令水果、蔬菜的故事，也介绍了两位极简主义者自创的“一锅”食谱。在《极简主义·生活方式》一章中，读者可以深入了解西亚和苏汉诺“零垃圾”的日常生活——他们每年产生的垃圾都装在一个玻璃瓶里。通过采访，我们可以了解到安娜和马库斯这两个从前在城市里生活的年轻人现在在乡村的新生活中学到了什么，同时也会知道在小房子里过着自给自足的生活是一种什么样的体验。

“极简主义并不意味着你拥有的会变少，它只是在为你生活中重要的事物腾出空间。”

本书旨在激励和启发人们找到属于自己的那条通往极简生活的道路。极简主义不是非黑即白的教条，而是一种多姿多彩、具有生命力的生活理念，每个极简主义者都是一个独特的个体。读者完全可以采用那些足以说服自己、让自己产生共鸣的建议，以快乐的方式尝试极简生活。希望书中提出的概念和观点能够推动读者思考、尝试，并最终确立一个目标：简约地生活。

物品带来的负担

我们生活在一个物质极度丰富且充满刺激的世界里。在西欧，人均拥有大约1万件物品。这些物品有的我们每天都在使用，有的给我们带来了很多快乐。但几乎每个人都在家里发现过自己明明拥有却完全不记得的东西，也可以立即说出几件自己经常考虑要处理掉的物品。这些物品往往被束之高阁，除了积灰，毫无用处。但所有的这些东西都像是处在待机状态的电器，即使是在不被使用的时候，也在不断消耗我们的能量。在这些东西乱成一团，还没有被清理时，我们常常会不知所措，甚至像被物品束缚着一般，喘不过气来。

清晰明了，你好

极简主义拥有清晰明了的特性。这种减少生活用品的方式有助于我们重新全方位掌控个人生活。极简主义者都在尝试回答以下这些问题：我想怎样生活？我的时间花在哪儿了？我到底花了多少钱？我为什么要花这些钱？在我周围有让我快乐的东西和人吗？当我们清除了废旧的物品，摆脱了多余的东西，就可以节省许多清理、打扫和寻找物品的时间，这样我们会更容易集中注意力去寻找上面这些问题的答案。这种清晰感可以让我们在生活中获益匪浅。

做出决定

当物品减少到一定程度，我们和物品之间的关系就会发生改变。那些随意摆放的、毫无存在感的物品再也不会出现在我们的生活中，令人莫名其妙。而留在我们身边的每一件物品都是我们有意选择的结果，因为我们需要它，也喜爱它。

处理好身边的物品，需要我们不断地做清理，直到物品减少到适合自己的数量。当物品的数量减少到我们心中向往的那个数值时，便意味着我们达到了一个相对舒适的状态。这时，物品带来的是快乐，而不是压力，我们就不必继续寻找需要舍弃的物品做进一步优化了。

对许多人来说，清理衣柜中的旧衣物
是进入极简主义世界的起点

简约、整洁——这就是极简主义者
珍妮·伯格奎斯特的生活

纯净的心灵——通过冥想与沉思，我们的心灵也可以得到洗涤

简单、洁净的饮食——极简主义者米娅喜欢以冰沙开启新的一天

在日常生活中，我们每天都要做很多很小的决定，甚至有研究说，一个人每天大约要做20 000个决定。例如：我用什么洗发水？我今天穿什么？我是在家给自己煮一杯咖啡，还是在路上买一杯？极简的生活方式可以帮助我们全面地了解自己的生活，让我们做出更快、更好、更有针对性的决定，因为通过极简，那些给我们带来压力、让我们不知所措、无法充实生活的东西会不断减少。除此之外，相较以前，我们会变得更加专注，更加清楚自己需要什么，想要什么。

绿色极简主义者

极简生活理念在我们购物时也会发挥很大的作用。首先，极简主义者购物数量少，频率低，而且更有目的性。因为当我们身边的东西减少之后，相当于每一件都被赋予了更大的意义。极简主义者在购物的时候会仔细检查产品和生产产品的厂家。绿色极简主义者还会做一些更深入的了解。他们在购买一件T恤时，会想知道这件T恤到底是如何生产的，在哪里生产的，用什么材料制作的，制作这件T恤的厂家又具有怎样的价值理念。他们会仔细考虑是选择用一次性纸杯盛装的外卖咖啡，还是花上一点儿时间，去咖啡馆喝一杯盛在瓷杯里，可以端在手中静静享用的咖啡。他们会选择分装方便、不带包装的固体洗发皂，而不是装在塑料瓶里的洗发液。他们不再去折扣店购买用塑料包装的加工食品，而是悠闲地逛一逛市场，将无包装的新鲜食材带回家。在小店中购物时，他们也更看重店铺所提供的产品的价值，如这些产品提供了哪些低成本的“快餐”或是“快时尚”产品无法提供的附加值。绿色极简主义者的这些关于购物的决定可以促进那些以公平生产（公平生产是指在产品的生产过程中，每个参与其中的劳动者都能尽量公平地获得应有的回报。相关的解释可以参考“公平贸易”“公平交易”等词条）、可持续发展和生态保护为导向的商店和生产商的发展。

为什么“少一些”会更快乐

极简主义者是使用者而不是消费者。他们只购买自己真正需要的东西。在极简的生活方式中，人们的购买行为会越来越少，也越来越有目的性。因为如果我们只拥有几件心爱之物，就会更加珍惜它们，在不得不更换的时候也会选择寿命较长的同类物品。当极简主义者需要新的物品时，他们更喜欢去寻找能让人感到快乐的理念、产品和公司，甚至还考虑到该公司的顾客、员工以及他

“我们拥有的东西很多，时间却很少。幸运的是，极简主义可以帮助我们！”

——莉娜·雅赫曼

们的工作环境。这是一个“三赢”的局面。

少买一些，多做一些

DIY（Do It Yourself，自己动手做）理念在极简主义者中也颇为盛行。DIY可以节省成本和包装，更省去送货这一过程。除此之外，与购买行为相比，DIY的过程会带给你不一样的快乐！有些东西，我们偶尔会需要它，却也不必时时拥有它，这时我们就可以采用“共享”的方式。在共享过程中，不断转换的所属关系取代了永久所有权。与秉持共享理念的人交流还可以带给我们坚持极简的动力，激励我们产生新的极简生活创意。

当消费主义被其他目的和价值观所取代，我们突然间就有了时间和精力，当然还有更多的金钱，去做一些真正重要并能让我们感到快乐的事。是时候过属于自己的人生了，与家人和朋友共度美好时光，或者独自做一些事，去旅行、去发现新事物、去学习、去帮助别人。是时候走出家门了，去沉思、去享受宁静、去改变、去成长、去体悟自然、去寻找快乐和爱。让极简的生活方式帮助你放下一切多余的事物，专注于生活中的必需品——快乐吧。

莉娜·雅赫曼

目 录

Erste Schritte

第一步：怎样简约地生活

少即是多

在开启极简之旅前，有的人心中会有一个明确的概念或者一个具体的数字——他们要拥有多少东西才能获得快乐；有的人则会想象自己的衣柜、公寓和生活环境应该是多么地干净和整洁；还有一些人则只想尝试简约的生活方式，生活得简单一些，看看接下来会发生什么。

如果可以想象得到，那几乎就等于做到了

在进行整理之前，我们需要做一些思考。为了获得更好的效果，最好能将自己和物品分开看待。当我们以一种形象的方式去想象我们的目标和梦想时，往往会产生极大的动力。我们可以通过网络（如一些精选图片的网站）或者杂志来收集图片。有了这些图片，我们可以用纸、笔、剪刀、胶水为每一个我们关心的问题创建一块“情绪板”。我的公寓到底应该是什么样子的，厨房和衣柜是怎样的，我想穿什么样的衣服，我想怎样度过私人时间，明年我想达到什么目标，这些问题会帮我们弄清楚自己真正想要的是什么，我们特别感兴趣的是什么，我们在什么情况下能感到舒适和放松。将图片、文字和想法拼贴成“情绪板”，这样我们在清理的过程中就不至于迷失了。在收集、整理极简主义领域中的概念和观点时，不要太关注自己的目的，而应注重持续改善和提升生活的品质。

道别

整理的方法有很多种。有些人会陷入疯狂的状态——他们清理了家中所有的柜子，垃圾桶被塞得满满的，公寓里变得空空荡荡，这才是他们理想中的状态。有些人把所有能装箱的东西都塞进整理箱，一个月内陆续拿回他们真正需要的东西，而剩下的物品将会在一个月后被清理掉。有些人则采取比较保守的做法，花上几天、几周甚至几个月慢慢地和自己的物品告别，并尽量为它们寻找新主人。还有一些人的做法非常有仪式感，他们每天与一件物品告别。上面提到的这些方式都很好，也很有效。我们选择哪种方式其实并没有那么重要。关键是要在脑中形成一个概念——拥有的东西越少实际上意味着生活质量越高，这样我们就很容易和自己的物品道别了。每一件从我们身边离开的物品，都能让我们学到很多。

行动建议

真相时刻。如果我们想要整理某个区域，如衣柜，最重要的是先把柜子里的东西都拿出来。这样我们才能了解自己所拥有的物品的大体情况。

此外，请不要自欺欺人，别忘了将丢在地下室和汽车里的那些同一类别的物品也统统收集起来。

把物品握在手中。握住它，感知它。如果一件物品不能充实我们的生活，就应该被丢弃。只有当我们真正把物品握在手中，能切身感知它的时候，才会对它产生一种“具体”的感觉。简单地一望而过只能让我们做出粗略的估计，这往往是不够的。

挑选最喜爱的物品。与其消极地决定要丢掉什么，不如积极地确定想要保留下来的东西。例如，如果我们想要整理衣服，选出自己最喜欢的要比找出自己不想要的容易得多。经过几次练习，这个过程就会变得越来越容易、越来越轻松。

一年规律。所有在一年内没有使用过的物品，很大概率在将来也不会被派上用场。别舍不得，请放心地将它们清理掉吧！

20/20原则。那些在20分钟之内，用低于20元的价格就可以买到替代品的东西，也可以丢弃。如果一个既没用又不值钱，只会带来负担的东西能迅速地被替换，为何还要留着它呢？一旦将它丢掉，你反而会发现自己真的不需要它。

萨拉米香肠战术。如果你面对的整体情况令人气馁，不妨试着分区域进行整理。必要时，也可以挨个抽屉整理，就像切萨拉米香肠那样，一片一片，慢慢来。同时，别忘记认真思考这些问题：我真正需要的是什么？什么是不可替代的？什么能让我真正感到快乐？

多做练习。在咖啡馆里或者公园的长椅上静坐一会儿，想象自己穿过公寓里一间又一间屋子，经过一个又一个橱柜，问问自己：你还记得哪些东西？记录下你马上就能想起的那些。回到家后，将记下来的东西与实际物品进行比较，你一定会非常惊讶，竟然有那么多你没想起来的东西。这个练习会让你明白哪些东西在你的生活中发挥了作用，而哪些又是可以清理掉的。

留着还是扔了？这很简单

整理的过程其实很简单，也可以很有趣。它的原则始终是一致的：首先，我们需要设法了解物品的大体情况，要做到这一点，应该把同类的物品尽可能地收集到一起；然后一个一个地去确定，它是否被迫切需要，并且能充实我们的生活。如果你能仔细思考、多加练习，这项工作就很容易

“每个人都在寻找支援，而唯一有效的支援就是放手。”

——哈珀·科尔克林

少买一些，多做一些：“情绪板”能为我们提供灵感和动力

“极简主义会帮助我们学会决策。”

上手。无法激起你情感共鸣的物品应该离进入垃圾桶不远了，损坏的、不能再修理的物品也是如此。那些你舍不得丢弃的保存完好的物品，你可以将其出售或者送给别人。这也是一种可持续的方法，不仅帮助了有需要的人，同时也能让你更好地与自己的物品告别。但要注意别做得太过。相信你也知道，一些从别人那里得到的东西，可能会成为你当下生活的负担，甚至成为你不喜欢的东西。还有别人送给你的礼物或涉及情感的物品，也是很难舍弃的。我们往往认为，如果对收到的礼物不满意，会伤害送礼物的人。但实际上，让你快乐才是朋友送你礼物的真正目的。所以，即使容易积灰的礼物被丢掉了，这份礼物传递的情谊仍然存在。

留下的是整洁

将所有经过精心挑选之后留下的东西转移到新的固定位置，然后排序，之后再进行系统的整理，这样才能让居家环境在较长时间内保持整洁。下次在使用物品后，应该立即将它们放回原处。起初，你会觉得要克服惰性非常困难，但如果你体验到了井然有序的环境和不必再到处寻找东西的便利，还有大把节省下来的时间和精力，你就会改变懒惰的习惯了。

Zweiter Schritte

第二步：极简主义月

极简主义挑战

喜欢挑战的人，或者是想通过有趣的方式进入极简主义生活的人，不妨加入下面的极简主义挑战计划。在一个月的时间里，我们每天尝试从一个细节入手，这些细节分别对应着家居、时尚、健康和生活方式的主题。

1

– 迈出第一步 –

第一天整理一件物品，第二天整理两件，以此类推

2

– 整理占位的物品 –

把布满灰尘的装饰品清理出来

3

– 每个房间五件物品 –

从每个房间里整理出五件物品

4

– 不需要的邮件 –

取消订阅所有令人厌烦的网络新闻、商品信息和广告邮件

5

– 书的旅程 –

将十本读过的书分享给朋友

6

– 大扫除 –

清洁公寓，擦拭所有的台面和家具表面

7

– 地下室 –

彻底清理地下室和储藏室

8

– 绿色植物 –

购买好看的植物

9

– 停止消费 –

在一定时间内不买新衣服

10

– 罪恶感 –

令我们感觉不好的东西必须扔掉

11

– 整理柜子 –

整理所有一年内没有使用过的物品

12

– 换装 –

邀请朋友一起参加换装派对

13
- 漂亮的珠宝首饰 -

挑选出最喜欢的十款，将剩下的处理掉

14
- 胶囊衣橱 -

打造一个只装着自己最喜欢的衣物的衣橱

15
- 二手衣物 -

有需要的话，尝试购买二手衣物

16
- 呼吸新鲜空气 -

不论天气如何，都要外出做运动

17
- 喝水 -

每天只喝白水和不含糖的茶

18
- 洁净的饮食 -

一天内只吃新鲜的水果和蔬菜

19
- 运动 -

这个星期内只走楼梯，不坐电梯

20
- 浴室 -

清理卫生间里所有不再使用的物品

21
- DIY -

自己动手制作一款护肤产品

22
- 素颜 -

保持一整天不化妆

23
- 感恩 -

开始写感恩日记，捕捉生活中所有美好的时刻

24
- 清空 -

清空一次储物柜

25
- 不使用数码产品 -

关闭手机，24小时不上网

26
- 无包装购物 -

在这一天只购买没有包装的商品

27
- 整理通讯录 -

清理通讯录中不常联系的人

28
- 冥想 -

进行十分钟冥想

29
- 净化心灵 -

聆听，同时谨慎地说话

30
- 我的时间 -

泡泡澡，做个按摩，吃顿好的

MINIMALISMUS

极简主义·家居

WOHNEN

家，是我们生活、娱乐、学习的场所，
也是我们为自己充电的地方。
当你真正学会享受家中的生活时，
物品本身就没那么重要了。

从德国不断攀升的人均住房面积可以看出，人们居住的房子越来越大。德国联邦统计局的最新数据也表明了这一点。在1991年时，德国人均住房面积还只有34.9平方米，而现在已经达到了46.5平方米。与此同时，德国单亲家庭的数量正在急剧增长。但更大的空间并不一定意味着更多的快乐和满足。相反，它往往代表着更高的成本、更多清扫和整理的时间，以及更多没用的东西和灰尘。

日常生活中的度假

在家里，经常有我们不喜欢做或没做完的事在等待着我们。而在度假时，我们可以迅速进入放松的状态，日常生活里的压力轻易便被抛在脑后。除了我们想做的事，没有什么其他需要做的。在酒店房间、民宿或度假屋里，只有我们真正需要的物品：桌、椅、床，以及摆在橱柜里的碟子。这里的东西着实很少，但我们在此可以很快进入休息状态，也有兴趣和精力去尝试一些新的活动。实际上我们也可以在日常生活中找到这种轻松愉快的感觉，只要我们能舍弃那些多余的、会给我们带来压力和疲倦感的东西。康斯坦丁·佩福斯（053页）就居住在滨水度假区的一辆宿营车里。

确定需求

为了实现这种生活方式，可以借助以下问题去探求我们真正的需求：我想过怎样的生活？什么能让我感到快乐？芬兰纪录片导演皮特里·卢克凯宁就此进行了一次有意思的个人实验。他把自己拥有的所有东西都放进仓库，每天只拿回一件。这个实验持续了一年，在此期间，他不能买任何新的东西。这部名为《我的东西——你真正需要的是什么？》的纪录片开始的一幕，是赤身裸体的皮特里躺在他空荡荡的公寓地板上醒来。他的极简生活实验就是从这里开始的。

但是简约的生活并不意味着要强制自己不再拥有任何东西。物品的“适当”数量是因人而异的。例如，约阿希姆·克勒克纳（023页）只拥有50件物品，对他来说，东西超过这个数量就显得多余了。但如果你酷爱烹饪，当然可以拥有与此相关的一切必需品，因为这时维护和使用这些用具也是很有趣的。如果你喜欢邀请朋友来家里做客，你完全可以在房间里摆上一张大桌子和几把椅子，收集漂亮的餐具放在玻璃柜里，因为它们不仅可以用来欣赏，还可以用来招待朋友。丽娅·科尔泽切克和马蒂亚斯·希勒（031页）就是很好的例子。

喜欢弹钢琴的人，可以给钢琴腾出一定的空间。但是，如果钢琴放在那里只会提醒你应该经常练习，从而引发愧疚的情绪，那就应该考虑放弃它，为它寻找一个更合适的主人。重要的是你要考虑房间里配备的家具等物品，其用途是否与你的需求相符。如果不相符，那就趁你还没有装饰它之前，先和它说再见！

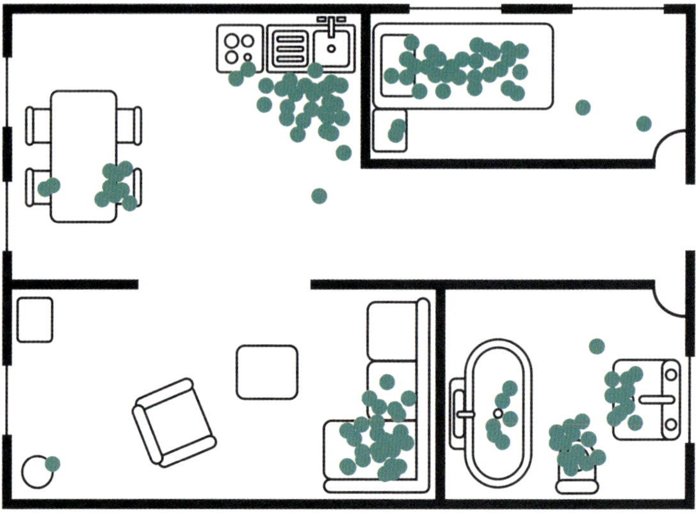

"不要在屋子里摆放任何你觉得没有用或者不好看的东西。"

——威廉·莫里斯

快乐小屋

家是我们的栖身之所，我们在这里成长、玩耍、跳舞、学习、睡觉、做饭、吵架、宽恕、相爱，过着简单的生活。如果我们自己每天不得不打扫、整理、寻找东西，也从不邀请朋友做客，那是因为我们在屋子里感受不到快乐，自由的时间少之又少。一个干净整洁、无须过多整理的家，其实距离我们并不遥远，它让我们愿意在那里度过属于自己的时光，在那里充电。它可能只是暂时被埋在几层我们不喜欢且无用的东西下边，但我们可以像考古学家一样让它重见天日，重新绽放出耀眼的光芒。

少一些东西，少一点儿混乱

当所有的东西都有固定的位置时，保持整洁实际上是非常容易的。遵循"一分钟原则"将更容易实现这一目标：所有可以在一分钟内完成的任务，应该毫不犹豫地立即完成。这不仅有助于保持公寓的秩序，还有助于保持公寓的整洁。更多可以轻松让公寓保持整洁的方法可以参考第068页的内容。例如，清理掉台面上所有的东西之后再进行擦洗就方便多了。

一对夫妇的新极简主义生活

珍妮·伯格奎斯特在位于柏林的家中讲述了他们的故事："我们一开始就习惯了拥有少量物品的生活。"她和丈夫大卫·辛格林都是瑞典人，在定居柏林之前搬过很多次家，在伦敦也生活过好几年。在过去的两年半时间里，他们并没有自己的房子，而是"住"在两个大行李箱里。"我真的很开心能在这里拥有一个自己的家。"

用狭窄的架子做成的床头柜可以用来摆放眼镜、书和水杯。卧室里没有多余的东西干扰睡眠

对于珍妮来说，极简主义者一般有两种类型：一种是始终都保持这种状态的人；另一种则是对自己的生活感到不满，从而将极简主义作为解决办法的人。珍妮是第一种。她喜欢保持整洁和有序。"我对购物和金钱向来没有太大的兴趣。我更喜欢让事情尽可能变得简单一些，这能让我感到轻松和愉快。我的父亲也是这样。"

对于大卫来说，简约的生活方式一开始是新奇的，也是陌生的。"刚开始的时候，我有很多'很平常'的东西。但后来，通过珍妮，我发现了这种简约生活的好处。现在的我不想以其他任何方式生活。不必去购物，这让我松了一口气，这样我就不会有这种感觉：啊，这是我的薪水，但现在我要去买东西了。我也不会因为不开心而去买东西。"大卫的想法也是很多人被极简主义吸引的原因之一，他们是为了打破消费所带来的恶性循环。"这就像是吃垃圾食品一样。你感觉很糟糕，吃的都是垃圾。然后你会因为吃了垃圾而感觉更糟糕。"珍妮补充道。

他们对极简主义、对拥有尽可能少的物品以及所有权的减少并不在意。珍妮总是问自己："我真的要用到它吗？我为什么要留着它？它让我快乐，还是让我不适？太多的东西会给我带来压力，让我觉得家中凌乱不堪，然后我就会减少一些东西，这样我才会感到舒适。"

珍妮·伯格奎斯特，31岁 / 大卫·辛格林，32岁

极简主义、时尚、生活方式博主

柏林，普伦茨劳贝格

“我一直都是一个极简主义者。只是我之前没有提起过罢了。”

现在，珍妮和大卫决定在柏林安家落户，这也是他们多年来首次布置一间属于自己的公寓。“我们给了自己很多时间去选择，同时也非常注重它的品质。我们想用百分百自己喜欢的物品装饰公寓，这样的物品对我们来说很有意义。我们并不想去宜家，即便我们是瑞典人。刚好我们自己制作了一张大桌子，这是我们的第一件DIY作品。”大卫相当自豪。

珍妮和大卫一直都是设计DIY料理的行家。“我们从不买加工过的食品，什么都会自己做——除了巧克力。”珍妮笑着说。例如，他们会自己做泡菜，甚至会试着做豆腐。珍妮不仅把极简主义理念应用在公寓装饰和穿衣搭配上，还把它用在下厨中。“大卫和我喜欢简单、健康的素食。我总是很好奇，在不需要向美味妥协的情况下，人们可以放弃多少东西。拿煎饼来说，即使不放鸡蛋，口感也会非常松软！”对于燕麦的调味，珍妮会使用香蕉而不是糖浆和油。“在研究新食谱时，我总会问自己：我们需要这道菜吗？很多时候答案是：嗯，可以试一下！我也会问自己：我为什么还要买那些口味不好、根本不会再用的调料呢？”

珍妮和大卫一开始就从事了自由职业，这也为珍妮的博客和她的YouTube频道提供了大量素材。尽管两人已经形成了“家—办公室”这样的生活结构，但为了让生活更有秩序，他们还创造了属于自己的生活体系。每个晚上他们都会有一项固定的活动。“所以我们每天都有所期待。例如，我们会学习新东西，或者举办自己的‘亚洲之夜’——在这个晚上做亚洲菜，看亚洲的电影。”

珍妮和大卫用从DIY商店买来的
板子自己动手制作的桌子

珍妮和大卫把这种生活方式定义为“新极简主义”。“如今，很多人拥有了他们需要的一切，甚至更多：一份好工作、一幢好房子、一辆好车，甚至更多。但他们仍旧有意识地踏上了尝试极简主义生活的旅程。为了减少一些物品，减少一些工作，简化生活，享受更多，变得更加快乐，他们将多余的东西舍弃掉了。这样的行为是很了不起的。极简主义有助于我们找到生活的焦点，区分出生活中各种事情的优先次序：我想怎样生活？住在哪个城市？做哪份工作？有哪些爱好？和哪些人在一起？”

对于珍妮和大卫来说，极简本身并不是目的。这只是让他们感到舒适的一种方式。对于舍弃，珍妮这样解释：“如果有一天我醒来，在没有极简的情况下我感到很快乐，那也没有关系。”

“如果你是快乐的，美的东西会
让你更快乐。”

访谈：只拥有50件物品是一种什么体验？

约阿希姆·克勒克纳，67岁
退休者
柏林，弗里德瑙

约阿希姆·克勒克纳全身上下只有50件物品，甚至袜子都是单只计算的。但他并不把自己看作“极简主义者”，而是将自己视为“最大化主义者”。就在几年前，约阿希姆第一次意识到并思考了“极简主义者”这个词。“啊，是这样，那我可能也是其中一个。”对约阿希姆来说，极简生活并不是一个新的概念，也不是一种潮流。他就这样生活了二十多年，搬家也只是带着手提行李包。多年来，约阿希姆不断减少自己的物品。但这一过程并不是教条式的，而是他经常会问自己一些问题，如“我怎么才能让自己处在最舒服的状态”。

你是怎样成为一个极简主义者的？

很多年前，我就开始提升我的生活质量了。一开始是形式上的，然后我意识到这是一条死胡同，于是开始把它作为一种爱好。在过去的10年里，我感觉良好，将来也会是这样。

这一切是怎么开始的？

大概是从1986年的5月开始的。我看到了天空中明亮的薄片，这让我很惊讶：是雪吗？直到我看到商店里的罐头食品被人们抢购一空时，我才意识到，这是受到了切尔诺贝利核事故的影响。从那时起，我决定成为一名能源顾问。与此同时，这一决定也优化了我的生活。

对于那些也想成为极简主义者的人，你有什么建议送给他们呢？

极简主义是一种生活方式，而这种强烈的愿望主要是通过多巴胺的转移产生的。此外，还要加上

“我真正、真正、真正需要的是什么？”

血清素和催产素的共同作用。能给人以舒适感的物质都聚在了一起。通往极简生活的路是从好奇心开始的，然后做出决定，向着这个方向前进。

其他的极简主义者，如来自日本的《怦然心动的人生整理魔法》的作者近藤麻理惠，或是《我决定简单地生活》一书的作者佐佐木典士，又或是美国微型住宅的支持者们，他们是否给你带来了灵感？

我对微型住宅这一想法非常感兴趣。我的一个朋友，建筑师凡·波·勒-门泽尔，目前正在设计一种微型住宅。除此之外，我对任何形式的灵感都很好奇并抱有开放的心态。但我并不是那种会做具体引导的人。对我来说，这是与自我设计的愿望相违背的。

对极简主义这个很有意思的话题，你怎么看？

我很喜欢。因为人类最终要走向内在的自主、个性化和独立，而极简是一个很好的工具，是一个能塑造自己生活的工具，也是一个能让我有意识地去生活的工具。极简主义不但对个人是有益的，而且对环境有益处：它能让我们少一些消费，少一些浪费，少一些资源消耗。极简主义不仅是一种潮流，因为这个话题不仅对个人，也对整个人类有着积极的影响。

20世纪八九十年代，出现了环保主义的个别领跑者。当领跑者出现了，不知在什么时候就会出现它的追随者。但现在，整个活动都来自不同的意识和不同的品质。我认识的年轻人都是从内在开始的。这是出于一种新的动因：这么做对我和其他人都有好处。这也是一个很好的机会，让全世界的人逐渐走到一起。

其实，现代人一直以“贷款”的方式生活在地球上。我们不断消耗从地球上获取的资源，如金属、矿物、石油、天然气、水、木材、食物、耕地等。但另一方面，地球积累资源、吸收垃圾的生物能力是有限的。“全球足迹网络”每年都会计算出一个地球生态超载日。2016年8月8日是属于这一年份的地球可持续利用的资源都被耗尽的日子。2015年则是8月13日。随着我们一代一代将地球资源消耗下去，每年的这一天都会提前一点儿。我们靠消耗过多的资源，过着侵占我们后代的资源的生活。因此，我们迫切地需要做些什么来改变这一现状。

约阿希姆没有厨房。他只有一只碗、一把勺子，用来喝麦片。他每天都要吃热的东西，喜欢在柏林那些物美价廉的小餐馆尝试新菜品

如何使极简主义与我们一直追求的经济增长相协调？

我是一个很少，甚至不怎么消费的人，二十多年前我就是这么做的了。其他方面也是如此，因为现在我的退休金已经降到了最低。在我看来，成长与发展更加重要，也是活着所必需的。我希望能看到自己在这三个方面的成长和发展：学习和教育、创造和创新、同情心和同理心。

我觉得我们的社会也会发生变化。人类社会已经取得了很大的进展，今天的繁荣是以往任何时候都没有过的。但我们走到了关键的一步，尤其在G20峰会的报告中提到，如何保持繁荣是每个人都要面对的问题。于是，我早上醒来就会想："好吧，希望世界上的每一个人都能获得一份基本收入。钱就在那里。"

然而，我也看到了一个积极的变化——我们现在考虑的是如何让人民生活得更幸福，而不是单纯地追求利润最大化，毕竟产生利润基本上是正常的。每家工厂生产出产品后一般都会获得一定的利润，我们只须注意那些失败者。

无条件的基本收入是解决问题的办法吗？

当然是。因为我也看到了想让人们变得更加个体化，并为世界创造出一些新东西的这种倾向。这与我们内心的激励体制有关。基本收入可以使很多人得以生活，去做他们想做的事，而不必去顾虑是否有人喜欢这样，是否有人会把钱花在这上面。

在这样的框架之内，人们会有独立学习、创新、做一些事情的成长空间。这个想法实在是太棒了。我15年前就开始有这种想法了，我们所想的总会到来。我看到了一个很好的机会，那些有所追求的人，会尽量减少消费。因为当人们能自

所有的东西都放在一个背包里，如果袜子按单只计算的话，约阿希姆总共有大约50件物品。不过，物品的确切数量对他来说并不重要

己创造一些东西时，他们的内心会感到满足和快乐。因此就不会再因为无奈或失望而产生冲动的消费行为。

要想真正地改变，需要多少东西？

对于这个问题我们可以参考一本书，叫作《引爆点》。要想有大的变化，需要5%～10%的人，然后其他人也就跟着来了。

一种新的意识正在发展吗？

人类有机体每秒钟可以感知1 500万个信号并进行处理，但我们能够感知到的仅有50个。这意味着意识也是人们面对铺天盖地的信息时的一种自我保护，否则我们会疯掉的。我们不能每次都去做决定，我们也需要一定的习惯。但我们有机会把感知到的这50个信号都指向一个点。例如，我们现在是用塑料袋还是环保袋？

极简主义在多大程度上有助于提高我们的专注力？

极简就像是冥想，甚至可以说是冥想的另一种形式。极简主义让我变得清晰。我可以躺下做梦，可以变得有创造力，可以思考，也可以选择追逐

梦想。另外，它还很有效率。我不需要花费精力去买东西，不必为物品提供空间，也不必费力维护它们。而且我也不需要花精力重新以一种合理的方式去清理物品。极简主义有助于增强我们对于本质的洞察力：让我们知道什么是我们真正、真正、真正需要的，然后采取相应的行动。

人们是否要有榜样？

是的，要有。人可能是习惯性的动物，但也是需要好奇心的。不久前，我97岁的母亲在给我的邮件中写道："要保持一定的好奇心。"如果有什么新鲜事物，我想我会很有兴趣去尝试，这会让我保持年轻。我们根本不需要特别经典的榜样。这不是让你的生活和榜样的模式完全一样，而是要给你灵感，让你找到属于自己的生活。极简主义给人一种改变自己生活，并有意识地塑造自己的冲动。当我能激励别人的时候，我会感到很开心，然后别人会想："啊，这有可能吗？也许我也可以尝试一下。"

你还买了什么？

我喜欢操作简单的东西，当然，质量也很重要。

吊床是约阿希姆唯一的一件“家具”，
它可以同时作为床和沙发来使用

我也喜欢好的设计。至于衣服，我总是会做一些试验。我目前只穿连身的衣服，这样所有的衣服就能一次都放进洗衣机，这对我来说很重要，因为可以再次节省时间。

生态对你来说有多重要？

对我来说，问题在于：我怎样才能帮助同时代的其他人？我总是说同时代的人，而不是周围的人，因为我也在这之中。当我说同时代的人时，我也会在购物的时候想到环保帆布袋。

人们对这种生活方式有怎样的反应呢？

反应是非常积极的。刚开始的时候，也会有很多人对此心存怀疑，但后来他们看到我过得很快乐，也就接受了这种做法。我的母亲曾经说过：“约阿希姆，我不明白，虽然我知道，战后的我们必须这样生活。”但这之间的区别在于：我想这样生活！

书籍贴士

《引爆点》，作者马尔科姆·格拉德威尔，该书会告诉你小东西怎样才能起到大作用。

微型住宅

柏林建筑师凡·波·勒-门泽尔以他的“哈茨四号”家具设计而闻名，其中有一系列价格低廉、可以自行制作的家具，他在网上为人们免费提供这些家具的制作说明。

除了倡导无条件的基本收入，勒-门泽尔还进行无条件住房的设计与开发。他是“小住宅，高质量”方面的领跑者，他设计了多种具有不同创新形式的微型住宅，包括从“虚幻地产”到每月仅花100欧元即可租住的公寓。2016年，勒-门泽尔还建立了“微型住宅大学”。

这座微型100号住宅由勒-门泽尔设计，面积为6.4平方米，里面有桌子、沙发椅等家具，也有小厨房、小型淋浴间以及可以放置床铺的较高空间。这种1：1的木制房屋是他与救济机构住宅小区有限公司合作建造的。勒-门泽尔的愿望是为更多人提供经济适用房：建造一个由很多6.4平方米的微型住宅并排相连组成的大型公共区域，每个微型住宅单位每月的租金仅为100欧元。

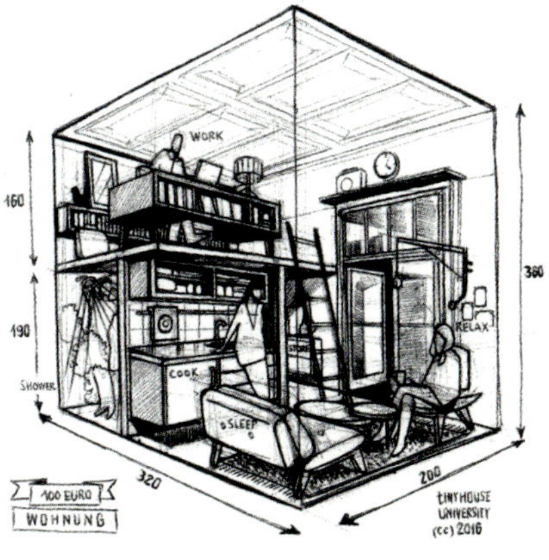

· 微型住宅 · 微型100号

丽娅与马蒂亚斯的自然住宅

马蒂亚斯在房子的凸出的位置放了一张沙发床。在丽娅怀孕期间，这里绝对是整间公寓里她最喜欢待的地方。而在有了孩子约瑟夫之后，这个角落也成了他们日常生活中的临时“避难所”

丽娅·科尔泽切克是一个会期待寒冷季节到来的人。她和自己的丈夫马蒂亚斯·希勒以及儿子约瑟夫住在莱比锡西部一间100平方米的旧公寓里。现在这间公寓还在依靠木柴和煤炉供暖。

“要找到一套没有集中供暖的公寓并不容易。”马蒂亚斯说，“我们喜欢炉火发出的噼啪声，还有炉子带来的充满大自然气息的温暖。我们认为这些拥有大自然的温度与湿度的老建筑才是可持续的，而现在建造的那些建筑则过于孤立。”

这对夫妇为公寓的设计做了详细的规划，并付诸实践。公寓内部的橱柜、衣柜和陈列柜等大部分固定设施都是马蒂亚斯亲手制作的。在厨房里有两个外观朴素的宜家橱柜，被当作工作台放置在灰色的亚麻油毡地板上。亚麻油毡是一种结实、耐用的可持续产品，主要由亚麻籽油、软木粉和黄麻布构成。虽然它作为地板在20世纪中期非常流行，但到了20世纪60年代，几乎完全被PVC材料取代了。幸运的是，现在亚麻油毡又回来了。除了良好的质地外，它舒适的触感、极好的耐磨性、不易燃性以及多种可供选择的颜色等优点也成了人们重新接受它的理由。这两位设计师已经通过他们的设计实现了很多想法。如餐厅里的大桌子，一家焊接公司根据丽娅和马蒂亚斯的设计为其制作了支架，并涂上了玫瑰粉色。而巨大的橡木桌面则有意不作处理。“和自己的物品生活在一起时，会在它们身上留下痕迹，我很喜欢这样。”

丽娅喜欢色彩丰富的意大利设计。“每当参观意大利展会，我都会关注那些彩色的面料以及色彩丰富的设计。但在家里，我却不想要这些。我喜欢家中这些安静、柔和的色彩。我在家居环境中不会运用过于杂乱的颜色，而是用能使一切都平静下来的配色。”无论是在家里还是客户的项目上，丽娅和马蒂亚斯都会回归到他们简约的美学上。“或许是因为我们以前在家的时候不是这样的。我们俩以前都和父母住在一起，环境非常凌乱，而且颜色太过丰富。”

丽娅和马蒂亚斯喜欢减少色彩和材料的使用，并尽量保持自然风味。这种风格也是他们的品牌“STUDIO OINK”的体现，简单直接，但不过于冷酷，也不会无趣，而且始终带有一定的个性。“我们会到处寻找二手家具，这也更符合客户的个性化要求。”丽娅如是说。“每一个项目都是新的。我们每次都会再做一次研究。”马蒂亚斯解释道。很多国外客户尤其欣赏他们二人的工作态度。这些客户往往比较开放，也会给予他们更多的信任，让丽娅和马蒂亚斯能更加自由地进行设计。马蒂亚斯说：“他们经常觉得我们是专业人士，所以相信我们。”在“量身定制”的概念中，首先需要确定的通常都是个人需求。“如果我根本不喜欢做饭，我还需要一个特别大的厨房吗？我们就是替

丽娅·科尔泽切克，33岁 / 马蒂亚斯·希勒，35岁 / 约瑟夫，8周
产品设计师、室内设计师
莱比锡

客户思考，他们真正需要的是什么。”马蒂亚斯说，“有些时候我们也会建议客户先彻底整理一下。”

给公寓的墙壁抹上有颜色的黏土。这样做的好处是使墙壁保持开放并且能够“呼吸”。这种材料色泽自然、无毒、零污染，同时还保证了舒适的室内温度和湿度。而且，要提起沉重的油漆桶也不容易，因为你买的粉末涂料必须加水搅拌才能使用。所以，丽娅和马蒂亚斯在铺地板时使用了水性无溶剂涂料。“这对我们来说很重要，因为约瑟夫会在这儿爬来爬去。”

马蒂亚斯十分喜爱陶瓷制品。起居室里的灯是马蒂亚斯的DIY作品之一。除了来自丹麦、经过精心组装的陶瓷器皿外，餐厅里大餐具柜里还有许多马蒂亚斯制作的陶器，所有这些用的都是柔和的色彩。然而，这些杯子和盘子并不是展品，而是他喜欢并经常使用的。针对这些收藏的餐具，丽娅说道：“如果有什么东西我们不打算再用了，我们就会把它们整理出来。我们只想拥有那些还在使用并且喜欢的物品。”放置陶瓷制品的餐具柜实际上是由一扇旧窗户改造的，马蒂亚斯只是给它的四边装上了隔板，以最美好的形式对它进行了升级改造。

“我们就是替客户思考，他们真正需要的是什么。”

丽娅和马蒂亚斯喜欢丹麦的设计，如路易斯·波尔森的那些原始复古灯具。悬挂在大餐桌上方的就是他设计的两个经典灯具

马蒂亚斯把一扇旧窗户做成了柜门，以最美好的形式对它进行了升级改造

丽娅和马蒂亚斯把位于格奥尔格·舒曼街的工作室打造成产品和家具的展厅

制作椅子的木头有一部分来自遇难船只

延伸阅读

儿童房中的极简主义

一个新生儿降临到这个世界时，会带来很多爱，但常常也带来了很多压力和负担。2012年，德国新生儿用品人均花费2 855欧元。婴儿其实根本不需要这么多花销。而且事后看来，许多为婴儿购买的东西都是多余的。

于是有人发明了婴儿的“第一个盒子”。有了这个盒子，父母可以省下不少钱和时间，因为盒子里都是宝宝生活中真正需要的东西，省去了许多不必要的物品。这个盒子里装着一套由纯天然材料制成的耐穿的衣服，有绿色生态洗浴用品和给宝宝的第一件玩具。但真正的亮点还是盒子本身。这个盒子其实是一张婴儿床，里面还配有床垫和罩子，是适合宝宝睡觉的好地方。这个设计还方便新手父母灵活地改变它的位置，想放在哪里都可以。几十年来，芬兰政府一直为父母们提供装有婴儿出生所需用品的盒子。

一些奉行极简主义的德国家长给新生儿准备的第一个盒子

在婴儿长成儿童的过程中，父母常常在进行许多场“物质之战”。虽然家里到处都是五颜六色的儿童玩具，可父母还是觉得（有时候孩子自己也这样觉得）玩具不够。不过事实证明，像积木这类简单的玩具要比那些颜色鲜艳、结构复杂的玩具更能激发孩子们的想象力。如果周围没有过多的东西刺激孩子，分散他们的注意力，他们可以玩得更加安静，更加专注。

保持儿童房整洁的建议

选择喜爱的玩具。把孩子喜欢的玩具跟其他玩具区分开来。

孩子长大后，玩具是否还适合呢？在整理期间，可以再检查一遍，哪些玩具孩子现在已经不玩了，而哪些玩具可以继续使用。

邀请孩子共同清理。当你邀请孩子加入清理行动，并设计一个有趣的过程时，他们会非常开心，也能积极地配合你完成这项工作。例如，

孩子需要的是父母的陪伴，而非物品

要求孩子站在一定的距离之外，将玩具扔进篮子里。

交换玩具。随着孩子们长大，之前喜爱的玩具就会失去吸引力，或者不再适合他们的年纪。这时候不妨和别的家长组织一次玩具交换大会。这样，原本不被需要的玩具就又会重新流通起来，而你的孩子也会得到新玩具了。

交换衣服。孩子总是长得飞快，这不仅可以从标记在门框上的痕迹看出来，还可以从昨天给孩子买的衣服今天就变小了看出来。这就是为什么交换衣服比买衣服更合适的原因。因此，在孩子的房间里准备一个可以一目了然的小衣柜就够了。

优化物品，让我的人生更加清晰

丹尼尔·弗勒里克斯，36岁
电影制片人
梅尔布施

人们出于各种各样的原因选择极简生活。对一些人来说，这是美学，而对另一些人来说是由于环境方面的原因，需要尽可能地节约资源，还有一些人则认为极简主义给他们带来了掌控自己生活的机会。

三年前，丹尼尔和女友分手，债台高筑，体重超标，住在租金昂贵的三室公寓里，里面塞满了他收集的DVD、CD，还有很多没用的杂物。“那时的我总是心怀无法描述的不满，被恐惧和忧虑所困扰，而且十分空虚。”丹尼尔这样说道。当时丹尼尔三十出头，一头金发，穿着米奇的毛衣。“我一般很晚才起床，然后一直到晚上都闷闷不乐。不管用什么方法也无法改变这种状态。”

丹尼尔意识到必须做些什么来改变自己。“如果地面已经被一栋房子占得满满当当，你就无法在上面再建起一座新房子。如果想再建，我们必须将原来的房子拆除，一直拆到底才行。所以我相信，我想要的变化必须从外部而不能单纯从内部开始。你不能只坐在那里说：‘从现在开始，我改变了我的态度。’只有外部环境的转变才能让自我认知真正发生变化。我认为，周围环境的颜色、形态、物质条件对我们对自己的认知有着很大的影响。而我们认为自己是什么样的，我们就会成为什么样的人。改变的第一步必须要从‘拆除’物品开始。”

丹尼尔坐在桌边，仔细地构想着他的新生活。他的目标是在一年内做到无债务，养成运动的习惯，获得事业上的成功。他把这个计划称为“Boss衬衫计划”，让代表秩序的黑衬衫作为激励自己的“胡萝卜”。为了能时时提醒自己，丹尼尔把这项计划写下来挂在墙壁上。“我很喜欢‘替代’这个概念。不过我称它为‘X机会’。我会在纸上分析、规划和想象我的房子、物品，以及我的行为模式和习惯。纸的左侧写着我想要接受的、对我的生活有积极影响的东西，右侧则写着应该丢弃的东西。”

通过分析，丹尼尔看到了他的“终极目标”。这个目标和情感与思想的联系是第一位的。他将小盒子涂上色，用来标记需要完成的初始步骤和中间目标，当所有的盒子都涂上了颜色，就代表着他的目标已经达成了。

这个以欧式托板制成的架子是丹尼尔自己制作的，上面摆放着一个盒子，以及丹尼尔目前正在阅读的三本书

对丹尼尔来说，不拥有太多物品是他之前的目标，现在已经完成了。就极简方面而言，他不太在意财产的多少，而是关注如何规划自己所拥有的物品。例如，当他发现自己需要一支笔，他就会寻找并选择一支好看、实用的笔，为的是得到一个相对完美的结果。然而，对丹尼尔来说，这期间最重要的并不是将用旧的笔清理掉，也不是买一支完美的笔，然后好好爱惜它，而是在找到这支笔之前，能有一个非常清晰的想法。基本上，他不会再允许生活中出现偶发事件。

在进行外部优化、重新设计外部自我时，丹尼尔也开始研究他自己内心的状态。“如果你意识到这是一支最好的笔，那你也会下意识地认清自己内部的状态，例如，怎样处理财物的问题，如何意识到更深层次的愿望和目标。”对于丹尼尔来说，每个目标都必须始终与清晰的思维以及强烈的感觉联系在一起。

计划制订后，丹尼尔在短短一年里就整理好了自己的生活。他拥有的每一件物品都是有用的。他会批判性地问自己，这件物品是否与他的新生活和计划相适应。他卖掉了绝大多数的东西，也因此大大减少了债务。“在邮局，别人总笑着说：‘啊，那个拿着装得满满的洗衣篮的青年又来了。’”

丹尼尔卖掉了大概90%的东西，并用5%的收入换取了精心挑选的高品质的新物件。到了年底，丹尼尔的职业规划也进展得很顺利，他完全负担得起曾经想要的Boss衬衫，但这在当时已经没那么重要了。如今，丹尼尔住在一个30平方米的小公寓里。公寓里只放着他精心选择的少量物品。他消耗的能源也减少了很多，他希望能通过“阳台发电站”来满足将来的低电力要求。例如，安装在阳台上的小型太阳能光伏设备可以为屋子里的电器提供电力。丹尼尔的阳台发电系统已经完成，它的安装十分简单。只要有阳光照射，电流就会流入住宅用电网络。这样一来，用户只要购买少量公共电网提供的电能就可以满足日常生活所需。像丹尼尔这样的情况就更不需要买太多了，他已经设法将年用电量从2 498度减少到248度。丹尼尔还将电器都设置成节电模式，并为它们配备了可控制的转换插头，以便能够统一关闭当前处于闲置状态的电器。否则，即使是在待机模式下，这些电器也会持续消耗电能。丹尼尔表示：“我想尽可能独立地生活。”

减少物品，可以为生活提供更多的自由空间，这是丹尼尔特别感兴趣的地方。在过去的两年里，丹尼尔实现了他之前认为几乎不可能实现的目标。丹尼尔把生活比作金字塔，每一层都是创意，是“我们会成为什么样子”的哲学。在丹尼尔看来，极简主义就是除去了生活上面的石头和矿层。他因此找到了属于自己的路，再次成为以前那个充满好奇心、思维敏锐、有创造力的青年。极简主义已经完全改变了丹尼尔的生活，也让他的生活变得更好。

在这个计划的帮助下，丹尼尔总是能表达出对于当前目标的感觉，同时也会提醒自己，哪些小的步骤是必须要完成的

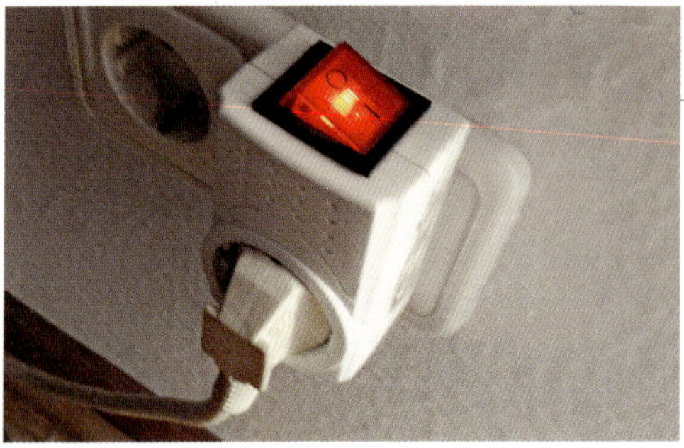

丹尼尔使用可控制的转换插头，统一关闭用电设备，以防止设备在待机模式下仍然继续耗电

极简主义与节能

很多像丹尼尔这样的极简主义者希望通过尽可能节约能源和资源的方式独立生活。鉴于能源成本上升和气候变化加剧的情况，这样的做法是很有意义的。丹尼尔在家用电器（如洗衣机、路由器和咖啡机）之间都插上可控制的转换插头。通过统一关闭设备的方式，防止其在待机模式下继续耗电。此外，他的公寓里安装的都是浅色的LED节能灯。通过这些措施，他成功地将电费从每月60欧元减少到了每月6欧元。

降低能源消耗的技巧

用耐久的LED节能灯代替普通灯泡。使用可控制的转换插头，在不使用家用电器时将其关闭，或将插头拔下。

在重新购买家用电器时，要注意产品的能效，最好购置带有环保认证或高能效电器组织标志的节能设备。

在淋浴装置和水龙头上安装节水喷头。

在冬天时，每天多进行几次短暂而有针对性的室内外空气流通，不要只采暖不通风。

经济条件较好的家庭可以尝试在花园或者阳台安装小型的发电设备。

此前，丹尼尔每月的电费为60欧元，现在仅需6欧元。他的公寓里只安装了浅色的LED节能灯

离开网络
也是一种新型
奢侈体验

玛丽·萨达卡内，36岁 / 根·萨达卡内，39岁

运营管理 / 创意总监、联合创办人

柏林，普伦茨劳贝格

每天在线16个小时，面对近两万封未读邮件——从萨达卡内夫妇身上，我们可以学会如何在快节奏的数字时代过一种完全放松的生活。16年前，在广告产业低迷时期，玛丽和根一起从杜塞尔多夫来到柏林继续他们的事业：玛丽是数码公司B-Reel驻柏林办公室的负责人，而根则想要“做自己的事”。根在2011年和3个朋友制作了照片应用小程序EyeEm。6年后，他们的公司发展到在全球150个国家拥有80名员工和1 800万用户。现在，萨达卡内夫妇每天的生活几乎都是从拿着手机开始，再以拿着手机结束。

在位于柏林的家中，这对夫妇特别设计了一个安静、轻松的空间，一个他们在办公室待了很长时间后可以充电的地方。玛丽很会打理植物，除了阳台，她还把旧公寓的其他地方也变成了小型“绿洲”。明亮的公寓里还摆放着许多他们一起旅行时购买的纪念品。很多年前，根和玛丽就开始在对方生日时将旅行作为生日礼物彼此互赠。在共同的旅程中，两人的经历比任何实体的礼物都能更持久地被保留下来，毕竟实体的礼物到最后只能被丢在角落里积灰。

他们在公寓里特意放了一张小书桌。当两个人都待在家不工作时，就可以把电脑、iPad和手机放在这里。这样，他们就不必持续地在线工作，也

这辆自行车是玛丽的父亲留给她的。玛丽将车架重新打磨，还修整了车轮。由于担心小偷，玛丽把自行车停在了走廊里。不过这样也并不安全，毕竟根也很喜欢骑走它

对于萨达卡内夫妇来说，星期天一起在家吃早餐是很神圣的事情

就不会把压力带进生活。根和玛丽养成了一些非常有仪式感的习惯。例如，玛丽每天早上都会慢跑，已经坚持了20年，风雨无阻。清晨，整个城市苏醒的那一刻对她来说意义非凡。“如果不让我跑步，我可能会疯掉。”玛丽这样说道。等到了周末，根会和她一起跑。此外，有些时候在家里，根也会关掉手机和电脑。有意离开网络的时间对他们来说是一种享受：例如，在周日，他们就很愿意伴随着报纸翻过的簌簌声，一起享受宁静而丰盛的早餐。根和玛丽总是分享盘子里的美味佳肴。玛丽喜欢尝试新食谱。她喜欢在厨房里忙活，亲手制作食物，哪怕花了很长时间辛苦做完后很快就吃光了。对她来说，在厨房里的工作有点像冥想，尤其是在办公室里度过了漫长的一天后，可以与经常在电脑里做的虚拟工作构成完美的平衡。

根在准备EyeEm实体杂志每期的主题时也有类似的想法。他会针对当期主题从EyeEm社区中找出有趣的高品质图片。例如，某期的主题是“女性”，展示的就是女性的作品，而其他期的主题还有黑白摄影或是旅行等。对于根来说，该杂志是连接网络和非网络世界的完美纽带。EyeEm的杂志发布会和展览会上会集了许多来自全世界的摄影爱好者。那些隐藏在网络形象背后、在网上认识多年且互相欣赏的人可以在这里相互了解。根认为，能在现实中创造真正的接触和体验的连接，正是数字世界的魅力所在。

延伸阅读

极简主义的礼物

根和玛丽喜欢将旅行作为礼物送给对方，而不是那些容易堆积灰尘的装饰品。确实，时间往往是我们能给予他人的最宝贵的东西。以下是关于时间礼物的一些想法和建议：

文化赠礼

一起去看演出、看电影、听朗诵会、看展览等。

健康赠礼

一起去做按摩、修指甲、做水疗、蒸桑拿。

时间赠礼

一起散步、锻炼、读书，或者为对方做饭。

心意赠礼

没有什么礼物比自己亲手做的更有意义：一张照片、一封信、一首歌、一束亲手摘的花，又或者如137页提到的自制磨砂膏。

体验一些疯狂的事

共同的经历会将你们联结在一起。一起做一些疯狂的事情，会让你们的心贴得更近。

多学习

探戈、烹饪、陶艺、跆拳道、外语，一起学习一些新东西不仅有趣，也是一件很有意义的礼物。

一起旅行

共同的旅行开阔了两人的视野，而且珍贵的记忆会永远和你们同在。

根据美国宇航局的研究，建议在每10平方米的生活空间摆放一盆植物。

延伸阅读

适合极简家居的7种植物

用于泡茶的新鲜薄荷、用来烹调的罗勒香料，以及放在面包上的香葱，就连新鲜的草药也能在极简主义者的厨房中见到。此外，还有很多绿色植物，虽然不能吃，但可以做家居装饰。有些植物还可以过滤掉很多化学物质和有害物质，如空气中的苯、甲醛、一氧化碳和三氯乙烯。这些有害物质往往来自工业产品，而这些工业产品就在我们身边。以下7种容易照料的植物不仅可以帮助吸收室内空气中的有害物质，持续改善室内的温度与湿度，还有助于我们缓解压力、改善情绪。

芦荟。全能型植物。芦荟叶中的凝胶具有消炎作用，对小伤口和晒伤都有帮助。

吊兰。这是一种没有太多需求的植物，易于照料，喜欢明亮、半阴凉的地方，可以分解空气中的二氧化碳和甲醛。

龙血树。它可以有效分解空气中的苯、甲醛、三氯乙烯等有害物质，喜欢半阴凉的地方。

一叶兰。这种美丽植物的花期几乎跨越了整个夏天。它能减少空气中的氨、苯、甲醛和三氯乙烯，为自己“打造”一个阴凉的环境。

虎尾兰。粗壮的虎尾兰几乎不需要什么特别的照料。由于叶片很大，虎尾兰通过光合作用可以产生大量氧气，它甚至可以在夜间吸收二氧化碳。

常春藤。常春藤永远是绿色的，也是最能清洁空气的植物之一。

剑蕨。蕨类植物喜欢湿度高、没有直接光照的阴凉场所，因此它们也是最适合放在浴室里的植物。

8平方米的极简天堂

康斯坦丁住在8平方米的宿营车里，视线所及的景色别有一番味道

在哈弗尔河边，有一座孤零零的码头。水鸟在码头周围盘旋，太阳高高地悬挂在空中。偶尔几艘烧烤船载着略带醉意的年轻人漫无目的地从水面驶过。除此以外，没有什么能破坏那美丽的田园风光。四年前，在这座码头旁，康斯坦丁沐浴着阳春三月的柔和阳光。为了在初春季节探望朋友，他在这里等待着下一班前往瓦伦廷斯岛的渡船。由于错过了第一班轮渡，他已经在这里等了两个小时了。康斯坦丁回忆说："我在码头等啊等，一直

康斯坦丁·佩福斯，50岁

自由创意者

柏林，瓦伦廷斯岛

康斯坦丁能在宿营车里作为一名自由创意者为客户工作，这主要得益于这里稳定的网络信号

等到下一班渡船到来。因为我最后一个上船，等到达瓦伦廷斯岛的时候我恰巧成了第一个下船的人。”

刚一踏上小岛，他的目光便落在了公告牌上的一则广告上。广告上说，一辆宿营车正在寻找租客。康斯坦丁立刻打电话过去，电话幸运地接通了。出租者是一对年迈的夫妻。这对老夫妻随即邀请康斯坦丁去参观宿营车。还不到一刻钟，这笔交易便确定下来。“这是命中注定。”康斯坦丁望着水面说。

此后一年，他大部分时间都住在瓦伦廷斯岛上这辆8平方米的宿营车中。康斯坦丁的宿营车位于水滨浴场，旁边有一大片芦苇，可以欣赏到如画的水景。康斯坦丁在岸边为自己建造了一座木制的小露台，客人们常常坐在这里观赏水边的风景。在夏季，这里会举办很多水上活动。

只有当冬天来临的时候，康斯坦丁才会把所有的东西都装到船上，然后搬进冬天住的地方——位于新克尔恩的一间小屋子里。“我一般都等不及天气彻底回暖，只要天气稍微暖和一点，我就重新回到岛上。”在夏天，瓦伦廷斯岛的周末会热闹起来。除了26个常住居民外，还有一些住在宿营车或改装卡车里的人。“但他们通常只在天气好的周末过来，到了周日晚上再离开。”康斯坦丁说道，“然后小岛会迅速归于宁静。”

在8平方米的空间内，康斯坦丁拥有他需要的一切：一张床、一个小衣柜、一把椅子以及一张书桌。也是在这儿，他开始作为一个自由创意者为各类客户提供服务。康斯坦丁说：“最主要的是，这里可以上网。”一只行李箱，两个袋子——这就是四年前康斯坦丁搬到岛上时带来的全部东西。

生活用品都是康斯坦丁坐船采购回来的。超市后面有个专用码头可以泊船

“这是一个有计划的选择。”康斯坦丁会选择性地处理物品。原则上，他旅行时只带着手提行李箱。第一次旅行时他还带上了一个塞得满满的旅行包。但后来，他意识到这么做很多余，因为大部分东西他都用不上。岛上的生活经历让他对于物品的态度更加坚定：“基本上什么都不需要，只要有一套衣服和畅通的网络就够了。”康斯坦丁也会为了方便而减少自己的物品。“这样我就可以少看管一些自己的东西，也就少一些负担，反正物品也会带来压力。拥有的东西越少，人就越自由。”

需要购物时，他便划着小船去岛外。附近的超市后面有一座码头。这样康斯坦丁就可以把船停在那里，所有的岛民都是这么做的。他的食物都是露天摆放，由新鲜的简单食材制成。洗碗、淋浴用水和饮用水都可以通过岛上复杂的输水管道获得。在夏天，水面上经常会有浮动售货亭漂过，亭子里有报纸、卡布奇诺和冰淇淋出售。

康斯坦丁很少进城，除非必须给客户发送较大的电子文件。幸运的是，这里的公共交通十分便利，不到45分钟就可以从瓦伦廷斯岛到达柏林市中心。“我非常喜欢待在这里，反正朋友们都会过来看我。”在如此美妙的景色之中产生这样的想法，不足为奇。

延伸阅读

高效率的极简主义工作法

康斯坦丁带着他对于水畔生活的憧憬，在宿营车里做着自由创意的工作。以下的技巧和工具可以减少我们在宿营车或家中办公时受到的干扰，同时也能帮助我们提升注意力和工作效率。

清理书桌

准备一张整洁的书桌，上面只摆放工作时需要的物品，这是每项工作成功的开始。所需的工具应在使用后立即放回固定的位置。

资料

定期清理不断累积的数据和资料，并筛选出哪些资料是我们真正需要且以后仍然需要的，这对我们的工作很有帮助。

照片

在整理物品时，照片可以帮助我们舍弃一些出于情感原因很难割舍，但其实又不需要保留的东西。但如果我们有太多题材相似的照片，或者当我们被淹没在大量的手机照片中时，不妨将能让我们感到开心和记录下难忘瞬间的美丽照片打印出来挂在墙上。

邮箱

在邮箱上贴上便签，表示不需要传单、广告单。对于电子信箱也秉承“少即是多”的管理理念。筛选新闻订阅情况，只保留我们真正喜欢且愿意阅读的信息订阅。

邮件

最好做到每封邮件只仔细处理一次。打开邮件，阅读，立刻进行处理、转发，最后将它放在正确的文件夹里或是彻底删除。我们的目标是尽可能让电子邮箱的收件箱保持清空状态。

一次只做一件事

这一点也得到了科学证明：多项任务同时处理非常难，也无法提高我们的创造力。相反，我们每一次应该集中精力完成一项任务，之后再完成另一项。

笔记

一个好的笔记本可以帮助我们整理任务和想法。喜欢通过电子产品来整理大脑的思绪、处理待办事项的人，也可以选择一些适合自己的手机应用程序。

番茄工作法

这个工作法的发明者弗朗西斯科·西里洛在尝试这个方法时用了一个厨房里的西红柿形状的时钟，番茄工作法因此得名。工作法的原理如下：将需要完成的任务划分为简短的工作单元。一个番茄工作单元持续25分钟。在这段时间里，我们需要高度集中在一件事情上且不间断地工作。25分钟的工作时间结束后，进行5分钟的短暂休息，在此期间我们可以让注意力稍作分散，如吃点零食。这个方法可以显著提升注意力，提高工作效率。

放松

能否集中精神工作，休息的质量至关重要。在新鲜的空气中散步或者以冥想的形式短暂地休息都是很好的选择。这些方式可以让大脑的思路重新变得清晰。更多信息请见第211页。

旧物与改造

约翰娜·米斯费尔特，26岁
学生
基尔

约翰娜对她的公寓一见钟情。“在看到它的那一刻，我就知道改造它需要我很多的想象力。因为之前的房客把墙壁涂得很暗，还完成了所有的装修。”约翰娜回忆道。她把这间漂亮的新艺术风格旧公寓中的三个房间的墙壁都刷成了白色，布置好一切之后再进行通风。约翰娜有一个明确的目标：“这听起来像是疯了，但我现在真的希望甚至连房间里的踢脚线都尽量露出来！”

不过，她真的成功了。她通过细致的布置和精选的家具做到了这一点。“在搬家之前，我仔细做了整理。我事先把情绪板粘在了一块大纸板上，并确定了配色方案。任何不合适的东西我都没带，整理的过程也非常严格。”少量家具和开阔的墙面空间的好处在于，她可以快速地整理房间、做清洁。“我是一个严重的家务拖延症患者。但如果房间物品很少，我在检查的时候，就会觉得它非常整洁。这种整洁的状态会一直印刻在我的脑海中，让我的思路变得更加清晰，更加结构化。”

约翰娜的家具有些是祖母传下来的，其中一些是斯堪的纳维亚风格的经典设计。“我喜欢那些不受时尚影响、不受时代限制的家具。”她说，“当我想要添加一些时尚元素时，会在跳蚤市场上找一些小东西，将它们摆放在架子上。目前我对黄铜材质的东西十分着迷。”她放弃了祖母那些颜色鲜艳的传家宝。

还有些家具是自制的。她用欧式底架自己制作了沙发床。公寓里到处都是她巧妙的DIY设计。约翰娜很喜欢宜家旧家具，她会以那些从跳蚤市场买来的二手家具作为基础，将其改造成新的家具。

为了打造极简衣帽间，约翰娜还喜欢去基尔的跳蚤市场淘宝。“我会让衣柜保持极简的状态，如果哪件衣服我不想再穿了，我也会把它送回跳蚤市场。”由于约翰娜是一个典型的北欧女生，身材高挑，大部分衣裙对她来说太短了。她的母亲是一位经过培训的裁缝，在母亲的帮助下，她还尝试着按照自己的想法设计衣服。“我已经根据图样自制了三件不同颜色和面料的衣服。”

约翰娜的厨房也十分极简。“我只想知道我到底吃下去了哪些东西。这就是为什么我总是自己做饭的原因。”约翰娜喜欢用新鲜的食材做饭，这些食材大部分直接采摘自母亲花园里的菜圃。如果有时间的话，约翰娜还会每周去集市上购物。集市出售的都是当地的应季食物。在过去的五年里，约翰娜大概只在食堂里吃过五次饭。“到目前为止，我很开心能按照自己的时间表生活，能有属于自己的做饭和休息的时间。”

约翰娜在搬进来前详细地规划了家中的布置。为此，她测量了整个房间，画了草图，还在情绪板的帮助下确定了家居配色方案

餐具柜是宜家的旧货。约翰娜重新为它涂了漆，并装上了木板和皮把手

阳台上的沙发床是约翰娜自己用欧式底架制作的

架子上摆放着她喜欢的东西。她会根据心情和季节重新布置这个空间，利用从跳蚤市场买到的物件进行装饰。约翰娜在植栽盒子里打造了一座绿色的室内小花园

网站贴士

在“宜家旧物”的概念下，可以在Pinterest、IKEA hackers和New Swedish Design等网站找到许多很棒的灵感和详细的说明，从而通过旧的宜家家具零件改造出新的、个性化的家居用品。

1
2
3
ECO BROTBOX
naturtasche.de
4
5
6
ECO BROTBOX
7
8
9

延伸阅读

厨房中的十大可持续用具

① 布袋

在购物的时候，布袋和网兜非常实用，方便盛装水果、蔬菜、面包等食物。在面包店里，一个布口袋就能取代纸面包袋。据统计，从被使用开始计时，到被扔进垃圾桶为止，纸面包袋的平均寿命只有25分钟。有意识地减少纸袋子的使用，无疑会在很大程度上减轻环境的压力。

② 咖啡随行杯

在德国，每小时有超过32万个一次性杯子被扔进垃圾桶。根据德国环境救助组织的统计数据，德国人每年使用的一次性杯子接近28亿只，消耗64 000吨木材加上11 000吨塑料。而一个一次性杯子的平均寿命仅有15分钟。而且，一次性杯子的内部涂层含有塑料，因此很难回收或做简单的焚烧处理。所以，使用非一次性的杯子会更好，如带螺旋塞的玻璃杯。在很多咖啡连锁店，带着自己杯子的顾客可以享受一定折扣。这一行为遵循了“让咖啡随行”的理念。德国首批城市已经全面推出交付押金获取可重复使用咖啡杯的计划。例如，柏林的“Boodha——就这么交换吧”，汉堡的“续杯——piloted by 1 rojito”以及弗莱堡的“弗莱堡杯”。虽然在店里喝的咖啡味道更好，不过这种理念还是可以尝试一下的。

③ 不锈钢饭盒

塑料饭盒含有塑化剂，会改变所盛放食物的味道。玻璃饭盒虽然环保，但是本身很沉，携带不方便。所以不妨选择不锈钢饭盒来盛放食物。

④ 吸管

不锈钢吸管不仅可以持续使用，而且也更加卫生，还可以放在洗碗机里或用特殊的小刷子进行清洗。

⑤ 抹布

厨房里的普通抹布能完全代替厨房卷纸。不同的是，抹布可以一遍又一遍地清洗，而卷筒纸在完成擦拭的工作后，只能被扔进垃圾桶里。喜欢使用海绵的人，可以购买由天然纤维制成的可清洗、可降解的厨房海绵。

⑥ 水壶

喝水对于每个人都很重要，因此每个家庭都需要一把好水壶，最好是玻璃的。

⑦ 洗碗刷

环保洗碗刷的刷头由木头制成，其天然纤维制成的刷毛是可替换的，废弃后均可用来充当堆肥。

⑧ 毛刷

无论厨房、浴室还是家中别的什么地方，总有需要用到刷子的家务。可以选用木头和植物纤维制成的刷子。

⑨ 堆肥桶

厨房再小，也要进行适当的垃圾分类，使用带有可替换活性炭过滤器的堆肥桶还可以防止生物垃圾催生苍蝇。

⑩ 法式滤压壶

有了法式滤压壶，就可以轻松制作一杯美味的咖啡了。它不会产生多余的垃圾，如胶囊外壳、滤纸和袋子。与其他调制咖啡的方式相比，用滤压壶的时候咖啡与水接触的时间更长，因此应该将咖啡粉研磨得更粗糙一些，这样咖啡就可以缓慢而均匀地被过滤出来了。

延伸阅读

极简大扫除

极简的美妙之处在于，即使是十分麻烦的清洁工作，也可以很快完成。一旦屋子从多余的东西中解放出来，我们就可以很快完成清扫工作。架子上那些长期不用的东西被称为“积灰品”并非毫无理由。

有些极简主义者因此尝到了甜头，最后甚至搬到小房子里生活了。空间少等于需要打扫的地方少！

一旦家中经过彻底整理，并有了基本的秩序，只需几个步骤，你就可以轻松地将这种状态保持下去，接下来就再也不需要大规模的清理了：

固定位置。使用后要立即把东西都放回原位。

一分钟原则。所有可以在一分钟内完成的简单清理工作都应该立即完成。

每天花10分钟，让房间的整洁度达到最高标准。在做家务的这10分钟里，你可以听点儿喜欢的音乐让自己开心起来。

保持，而不是清理。当我们想象着待在干净的房间里是多么舒适时，保持环境整洁，不去破坏这种状态要容易得多。

清洁过程中最脏的往往是清洁剂。如果房间本身已经没有什么多余的东西可以清理了，不妨对现有的清洁产品进行严格的检查。许多传统的清洁剂中都含有腐蚀性甚至是有毒的物质，这些物质会刺激皮肤，甚至影响人体的循环系统。对于一般家庭来说，使用这种刺激的清洁剂通常是完全没必要的。

清洁的过程也可以非常简单。我们不需要五花八门的清洁剂，仅一种就足以搞定家里所有的脏活儿。这种清洁剂不是来自化学实验室的环保型产品，而是在厨房中轻松地DIY出来的。

提示：

这种自制的清洁剂不可用于敏感材质，如天然石料、橡胶密封件或硅胶接头。

DIY橙子皮万能清洁剂

醋是一种可靠的清洁剂，几乎可以用来处理家里所有的脏活儿。它能有效去除污垢、油脂、石灰，还有一定的褪色功能。醋可以很快被环境分解，因此在清洁工作完成后我们可以不假思索地将它冲进下水道。但很多人都被它刺激的气味所困扰。下面的配方则恰好能减少醋的酸味，却不会影响它本身的功效。

准备

5个橙子（只需要橙子皮，果肉可以吃掉或榨汁）

醋或醋精（装满一瓶）

水

大玻璃瓶

喷雾瓶

轻松DIY

给橙子剥皮（我们只需要皮，在完成清洁工作后，我们可以放松地享受果汁或果肉）。

把橙子皮切成小块，放在大玻璃瓶里。往玻璃瓶里加满醋或醋精以及水（比例为1：5），放置两周。然后将现在变得很香的橙子清洁剂装进喷雾瓶。

这样，大扫除就可以开始了。

DIY柠檬酸清洁剂

这个配方具有浓缩清洁剂的强劲效果。

准备

400毫升水

20克柠檬酸

少许有机洗涤剂

5滴柠檬精油

轻松DIY

将水注入喷雾瓶中，加入柠檬酸，晃动喷雾瓶，直到柠檬酸溶解。再加入少许有机洗涤剂以及柠檬精油，摇匀，就大功告成了。

MINIMALISMUS

极简主义·时尚

MODE

精减衣服，不会给你的生活带来任何不便。
只有衣服太多，让你分不清喜好时，
你才会站在衣柜前不知所措。

人靠衣装

对于人类来说，衣服不仅仅能抵御寒冷、风雨和阳光，数千年来，它还一直被用来展示人类的地位与个性。通过穿衣，我们可以展示出自己的个性，属于哪个群体或哪个地区，展示出我们想成为什么样的人以及我们的感受如何。

衣需人穿

虽然目前从表面上看一切都还算正常，但在某个时刻，时尚的“木马”已经开始旋转得有点儿太快了，现在很多事情都变得很糟糕。因为服装面料的生产与流行时装的制作中的一些环节是在危险且不人道的条件下完成的，对环境也产生了巨大的影响。

快时尚，再见

从古至今，消费观念一直都在不断地变化，而对于时尚，现代的消费者从不落后。过去每年我们只有4个时尚季——春、夏、秋、冬，而现在可以有52个。

时尚和服装在过去是一种投资。人们将自己与印象中喜欢的东西联系起来，长时间穿戴着它们，哪怕它们已经与时代的审美不相符合。但纺织品工业为市场创造出了一次性的时尚。对于那些穿过一次但又不值得洗的衣服，最好立即处理掉。

米娅·马里安诺维奇是一个时尚的女孩，她始终跟随着潮流，喜欢“快时尚”，买的衣服经常只穿一两次后就被抛在脑后。如今，她仍然对时尚很感兴趣，但买的衣服少了一些，而且只买耐穿、环保的衣服。关于她的更多分享，可见第103页。

绿色将成为一种新的“时尚”

虽然绿色时尚在20世纪80年代看起来是“环保的”，而如果从时尚角度来看，仍无法被接受，但是现在还是出现了很多不错的小众品牌，在生产正规、耐用的衣服，可以直观地说服人们。如JAN ‘N JUNE，安娜·布罗诺夫斯基和朱莉安娜·霍尔茨海默（095页）创造的品牌，它因利落、简约的裁剪而出名。她们的产品已经具备成为经典所必备的一切条件。

装满自己最喜欢的衣物的衣柜

在欧洲，每个30岁女性的衣柜中平均有36件衣服。然而，她们经常穿着的部分仅占衣柜的15%，衣柜其余的部分都用来放置误购、不穿、不合适或穿起来不舒服的衣服了。而人们经常穿的那部分衣物往往也只能在晾衣绳上找到。

> “简约是做到真正优雅的关键。”
>
> ——可可·香奈儿

如果我们能更加了解自己以及自己的风格，就会发现，精心挑选几件喜欢的衣服组成一个“衣柜”是件很容易的事。

“333项目”帮助我们实现了最佳衣柜的理念，即为每个季节（3个月）保留33件衣服。这样做的好处在于，所有的衣物都可以相互组合，早上穿好衣服准备出门的速度可以比往常快很多。贾斯汀·西格勒和亚历山大·尼德霍费尔对此进行了尝试。对他们的完整采访可见第083页。

质量而非数量

如果衣柜里只剩下少量的衣服，我们就可以购置一些高品质的衣服，或者挑选一些纯天然材质的衣物，又或者可以购买一些二手的服装。购买二手的东西，就是给了它第二次生命，让它可以持续发挥作用，就如米米·波利亚科娃（089页）所做的那样。

但问题是，人们仍然在不停地消费。目前，有创意的人为我们提供了很多替代方案。例如，有的人可以像从图书馆里借书那样，根据场所、心情和季节租借衣服，把自己打扮得美美的。“服装图书馆”（115页）就是这样一个不同寻常的共享概念。因为尽管人们对时尚充满了热情，但快速时尚和过度消费带来的全球性后果，绝不是其本身的目的，也不应当成为我们的爱好。梅兰妮·杰斯克，也有人叫她梅洛迪·米歇尔伯格（111页），认为这是一个相当悲哀的爱好。她希望能有更多的空间再次进行极简的、非商业性的交锋。

打造胶囊衣橱

谁没有梦想过拥有一个特别的衣柜，里面只装着自己最喜欢的衣物呢？有了胶囊衣橱，这个梦想就可以变成现实。“胶囊衣橱”是一个精选的简约衣柜，里面只放着少量衣物。由于衣柜中衣物可以很好地组合起来，所以即使衣物有限，也能搭配出不同的造型来。

我们为什么要选择胶囊衣橱?

- 早上换衣服的速度要快得多。
- 只需要占用柜子里很小一部分空间。
- 可以使用小柜子。
- 衣柜里只放着最喜欢的衣服。
- 可以进一步激发我们的创造力，让我们搭配出不同的造型。
- 帮助我们找到属于自己的风格。
- 省钱，因为买得少。

在真正清理衣柜之前，重要的是想清楚你需要哪些衣服，穿什么衣服感觉最舒服。要想做到这一点，可以设置一块情绪板，或者为自己喜欢的衣服拍照片，这是帮助我们识别自己的穿衣模式，缩小自己穿衣风格的范围。在下一页还有更多相关的建议。

接下来就可以对衣柜进行彻底的清理了。我们的目标是处理掉那些不合适的、破损的，或者你觉得穿起来不太舒服的衣服，打造一个经过精心挑选的衣柜，里面只装有少量自己最喜欢的衣服。要完成这项工作，你要把家里所有的衣服都堆在一起。这个“关键时刻”有助于接下来的整理工作，当你发现自己到底拥有多少衣服时，你会感到震惊的。这时，你不能专注于整理，而是要从这一堆衣服里找出你喜欢的。这个过程要直观。你要清楚自己拥有什么，喜欢什么颜色，哪件衣服穿起来最舒服，然后毫不犹豫地把剩下的衣服清理掉。那些误购的、破损的、不穿的衣服，又或是不再合身、不能展现个性的衣服，都可以拿走。把空柜子擦干净，挂上那些算得上是第二次“购买”的——你所拥有的衣服里最喜欢的那几件。你可以根据颜色深浅为衣服分类。对于放在抽屉里的衣物，你可以把它们叠起来，然后卷成一卷，并排摆放。选择什么方式取决于你的个人喜好，也取决于摆放的合理性。唯一要注意的是，无论挂起来还是放起来，都要让它们处于视线之中。因为我们通常只使用能看得到的东西，而那一堆放在柜子后面你看不到的衣服，通常都不会再穿了。

升级胶囊衣橱：333项目

2010年，考特尼·卡弗完善了胶囊衣橱的概念，并在生活中启动了“333项目”。这是他们用来整理衣服的一个完美系统。很快，这个方法就传遍了全世界，也出现了大量的追随者。来自不同国家，有不同文化背景的人根据考特尼开发的系统整理、布置自己的衣柜。

每一个季节选取33件衣物，其中包括衣服、鞋子和饰品。结婚戒指、内衣和睡衣等带有情感或私密属性的衣饰不计算在内。在一个季节里不得购买或更换新的衣物。

分析一下，你穿着衣服要去做什么，是去办公室还是操场，或是两个地方都要去？在日常生活中要注意：普通的一天或者一周对你来说是什么样的？试着用百分比的方式来划分你的时间。例如，如果你只是偶尔去一趟健身房，就不需要太多的运动服。如果你在一家有严格着装规定的公司工作，那你对休闲装的需求就会减少。尽可能缩小范围，找到属于你自己的个人风格。你觉得穿什么样的衣服舒服？你喜欢牛仔裤、运动鞋这种休闲风，还是淑女风格的服装？你的标志性形象是怎样的？哪些衣服最能展现你的个人风格，并能让你觉得舒服并反复地穿？要想找到这些问题的答案，应该整理出自己的兴趣关键词，找到自己的风格。你也可以简单地看一看挂在衣架上的衣物有哪些，在那里你通常会找到答案。另一个需要解决的问题是你喜欢穿什么颜色、有什么图案以及什么面料的衣服，以确保颜色和面料可以很好地结合在一起。

接下来，全面了解你已经拥有的基础款和经典款。在这里，你应该注意选择优质材料制成的高品质中性色调的衣物。因为这是搭配的基础。你可以考虑一下，哪些组合是可行的，它们能否覆盖所有的场合。将合适的组合拍下来，并将这些搭配灵感保存下来，留在那些需要赶快出门的早晨穿。别忘了，只选择你喜欢、经常穿，且与你的生活、个性相匹配的衣服，而不是那些不切实际的幻想中的搭配。

3个月或者换季后，你可以对上一个胶囊衣橱进行评估，检查一下哪件衣服可以保留到下一次的选择中，而哪一件又需要替换或缝补。如果你注意到在你选择的33件衣物中缺少哪些特殊的服装，或者哪些衣服没有按照计划穿过，一定要记录下来。这一过程可以防止下一次的盲目消费。在3个月或者6个月结束后，所有没有被转移到新的胶囊衣橱里的衣服，就都可以放进纸箱，等待6个月后重新使用。

访谈：我们的时尚穿搭“333项目”

贾斯汀·西格勒，22岁 / 亚历山大·尼德霍费尔，23岁
博主、初创企业的联合创始人
维也纳，19区

贾斯汀·西格勒和亚历山大·尼德霍费尔住在维也纳市中心热闹的19区。从2014年起，贾斯汀成了一名纯素食主义者，她不仅在食物方面崇尚极简，在时尚方面也是如此。她不穿羊毛或者丝绸的衣服，即使是牛仔裤，她也会放弃那些挂有皮革标签的类型。贾斯汀还在她的博客中写下了她在环保、可持续发展、公平生产以及朴素时尚等方面的经历和想法。亚历山大是一家初创企业的联合创始人，他完全不像一些从事IT行业的人那样比较保守，而是对摄影、原生态的自然和可持续的时尚非常感兴趣。他也遵循着“少即是多”的生活理念。

贾斯汀和亚历山大体验了“333项目”，并讲述了他们对仅装有33件衣物的精致胶囊衣橱的体验过程。

时尚在你们的生活里扮演了什么角色？

贾斯汀：时尚对我来说非常重要，因为我相信人们会通过自己穿的衣服去表达一些东西。衣服也是外表的一部分。我觉得当我穿上真正喜欢的衣服时，整体上感觉都舒服多了。

亚历山大：我对时尚有时候感兴趣，有时候不感兴趣。这种兴趣每天都会发生改变，有时我有兴趣去思考今天要穿什么，有时又会失去这样的兴趣。不过我还是同意贾斯汀的观点，当我穿上喜欢的衣服时，也会觉得很舒服。

实话实说，你们的衣柜里有多少件衣服？

贾斯汀：这些年我积攒了很多衣服，因为我是一个非常注重服装且认真对待每一件衣物的人！我大概有110件吧。

亚历山大：我估计有120件。大多数都不是新的。除了一件夹克衫以外，这两年我没买过新衣服。

你们最喜欢的是哪一件？为什么？

贾斯汀：我最喜欢的是goodsociety的深色牛仔裤，因为它能展现出我的身材，与别的衣服搭配起来也很棒。

亚历山大：事实上，我最喜欢ARMEDANGELS的运动裤，它是由斜纹棉布制成的。这条裤子让我感觉特别舒服。

你们喜欢哪些牌子？

贾斯汀：我特别喜欢hessnatur、People Tree、ELEMENTY、MUD Jeans以及Mireia Playà。

亚历山大：牌子对我来说不太重要，对我而言，服装的材质和生产条件更重要。我比较喜欢穿ARMEDANGELS、wunderwerk、ethletic以及HoodLamb这几个牌子的衣服，因为这些衣物都采用了有机材料，是在开放的生产环境下制成的。

买衣服的时候需要注意什么？

贾斯汀：我非常重视衣服的质量。可惜的是，我以前买的很多衣服，洗了三次之后看起来就不怎么好了，所以现在衣服的质量对我来说尤其重要。除此之外，我还在意新买的衣服和我衣柜里的衣服是否搭配。

亚历山大：我也差不多。对我来说，我能不能长期喜欢这件衣服，它能否适合多种场合，也很重要。

你们也会买二手的衣服吗？

贾斯汀：我经常买二手的东西，但二手的衣服很少，厨房用具和家具会多一些，我喜欢去跳蚤市场买这些东西。

亚历山大：我喜欢二手手表和自行车。我对于服装的态度相当开放，目前还没有什么衣服能让我沉迷其中。

你们如何描述自己的穿衣风格？

贾斯汀：简单、休闲，不受流行样式的影响。

亚历山大：经典、运动、实用。

你们觉得"333项目"这个想法如何？

贾斯汀：我认为这个想法非常好，而且令人惊讶的是，实现起来并不难！

亚历山大：我也一样！

①衬衫（FUNKTION SCHNITT）、裤子（People Tree）、白色运动鞋（Jeffrey Campbell）、包（FREITAG）

②不规则衬衫（COS）、短裤（wunderwerk）、包（Stella McCartney）、鞋子（Cinzia Araia）

③衬衫（Braintree）、裤子（Review）、运动鞋（ethletic）

④包（GUNAS）、围巾（American Apparel）、裤袜和鞋子（Cinzia Araia）、开襟羊毛衫（hessnatur）、防水外套（Filosofia）

⑤短袖上衣（wunderwerk）、裤袜（American Apparel）、鞋子（Cinzia Araia）、包（Stella McCartney）

⑥T恤（FUNKTION SCHNITT）、裤子（recolution）、鞋子（TOD'S Gomminos）

⑦连衣裙（American Apparel）、白色运动鞋（Jeffrey Campbell）、包（Stella McCartney）

⑧T恤（Greenshirts）、衬衫（HoodLamb）、裤子（Review）、运动鞋（ethletic）

4

5

7

8

你们是如何根据“333项目”打造胶囊衣橱的？

贾斯汀：我会拿着纸笔坐下来，写下所有我喜欢的、经常穿的衣服。大概不到30件。然后我会想一想，不同的天气我可能需要哪些衣服，这样就已经有33件了。所以这个过程对我来说进行得相当快，也很容易。

亚历山大：我也同意。我发现我的衣服选择起来相当容易，一开始差点儿没能凑齐33件。

打造胶囊衣橱时，你们都注意了些什么？

贾斯汀：首先，我选择了自己喜欢的衣服，这样的衣服能让我做好准备，迎接即将到来的任何挑战。

亚历山大：我注意出席每个场合都能有与之相配的衣服，比如，准备一套西装。除此之外，我还选择了经常穿、喜欢穿的衣服。实际上，我选的衣服几乎都是我从晾衣架上直接拿下来的。

亚历山大和贾斯汀：对我们来说，做选择是件很容易的事。

拥有胶囊衣橱的日子你们是怎样度过的？

贾斯汀：我觉得精心选择服装是件很好的事。这样我能对自己的衣服有一个整体的了解，早上穿衣服时能快一些。当然，这也会让一些衣服失去搭配和组合的机会，不过这只会让我烦恼一会儿，在大多数时候，我会很开心只需要花很少的时间来搭配衣服！

亚历山大：正如贾斯汀提到的，胶囊衣橱的一个很大的优点就是可以让你很快地做出选择。衣柜里已经没有那些你完全记不得的衣服，你也不必知道为什么不想再穿它们。有时候我会需要一件特别的衣服，然后突然意识到它才刚刚洗过。33件会让你没有太多的备选。

是否存在你们需要更多衣服的情况？

贾斯汀：让人有些不愉快的是，有一次在德国的一个高速公路休息站，我牛仔裤上的纽扣掉了，我只能放弃这条裤子，衣服的搭配因此受到了一些限制。幸运的是，在联系了品牌商几天后，我便从品牌商那里收到了更换的纽扣，这样缝补好的裤子就又可以穿了。

亚历山大：记得在一个30多摄氏度的高温天气里，我没法穿长裤，可是我的短裤还在洗衣机里洗着。不过最后我想反正也是去骑自行车，穿着湿短裤也没什么，可以让它在阳光下自然晒干。

“333项目”有没有让你们发生改变？

贾斯汀：“333项目”结束后，我又彻底整理了一次衣柜，因为我意识到，我需要的远比我想象的要少。于是我又发现了一些搭配起来不错的组合，并尝试了一些新的款式。

亚历山大：拿回所有的衣物并没有让我松一口气，也没有让我感到特别开心。这再次说明我们真正需要的衣物其实非常少。

“333项目”给了你们哪些启发？

贾斯汀：此后，我只会购买自己特别喜欢的衣服。我的目标是让衣柜里只有我喜欢的，以及我因为喜欢而一直想穿的衣服。

亚历山大：通过“333项目”，我更加觉得要把两年前做的不买新衣服的决定坚持下去。我所拥有的这些已经让我感到很满足了。

衣柜里的极简主义

米米·波利亚科娃是一个普通的年轻姑娘，她会为乐队疯狂，也很喜欢逛街。“妈妈以前总是说我买的太多了。不过她现在却觉得我应该多买些。”米米笑着说。如今，她彻底地整理了衣柜，只剩下了18件衣服。她对待每一件衣服都很仔细，当白裤子蹭到自行车的车链上时，她将裤子改成短裤，给了它第二次生命。

在打造小而精致的胶囊衣橱时，米米做了策略性的分析。首先，她确定了自己的需求，问自己希望日常生活看起来是什么样子的，而哪些衣服和这样的生活相匹配。例如，米米几乎一整年都要骑自行车，因此，她的衣柜里就不会再出现白裤子了。如今，她会有意识地寻找与日常生活中的一切都符合的造型，而且这些造型也很容易搭配。例如，对于芭蕾舞演员来说，在白天穿黑裤子和毛衣就十分休闲，到了晚上则可以穿着高跟鞋，戴着闪亮的饰品出门。米米思考着什么样的衣服、什么样的面料会让她感到舒服。过去，她经常会买一些五颜六色的衣服，但很少穿，这就是为什么如今黑色的衣服成了她衣柜中主要部分的原因。这也有一个好处，就是所有的衣服都可以很容易地进行搭配，而且可以创造出新的组合。因为许多服装都是基本款，所以即使她只有18件衣服也不会觉得单调。

米米·波利亚科娃 / 27岁
学生
柏林

米米的衣柜里只有18件衣服，每一件都是她特别喜欢的

“我的母亲也认为我应该多买一些二手衣服。”

米米喜欢可以多次使用的东西。就像她白天装化妆品的黑色小包，到了晚上就变成了手提袋。如果米米真的需要一件新衣服，她会尽可能地先在柏林的二手商店里寻找。尽管有时需要花费很长时间，但她能在这里找到最适合的，绝不会有第二件与之媲美的衣服。对她来说，能长时间地穿着这件衣服更为重要。因此，米米现在更注重衣服的质量，哪怕要多花点钱。

米米一直在用自制的栗子洗涤剂洗衣服，对这种洗涤剂的效果也很满意。她会在秋天收集大量的栗子存储下来，用强力搅拌机打碎，然后晒干。自制栗子洗涤剂的配方可以在第181页找到。

随着衣服的减少，米米的极简主义之旅也已经展开。与此同时，米米在生活的其他方面也秉持着简约和环保的理念。例如，在天气不好的时候，她也会骑自行车出门；购买应季的无包装有机产品对她来说是理所应当的事；她的浴室里东西很少，其中大部分东西，如香体止汗剂和牙膏，都是自制的。

米米从快时尚连锁品牌店买来的衣服，现在仍然可以穿。不过，她不会再购买这些品牌的二手衣服了。

① 开襟羊毛衫（Clarina Collection，母亲送给她的礼物）
② 短袜（American Apparel）
③ 发卡（在Karstadt购买的旧物）
④ 戒指（Familienerbstücke）
⑤ 双肩包（在eBay购买的旧物）
⑥ 短裤（American Apparel + Monki，旧物）
⑦ 衬衫（ZARA，旧物）
⑧ 羊毛衫（American Apparel）
⑨ 高领衫（在Kleiderkreisel购买的旧物）
⑩ 芭蕾平底鞋（H&M，旧物）
⑪ 漆皮鞋（Vagabond，旧物）
⑫ 短裙（在Kleiderkreisel购买的旧物）

“我会尽可能购买二手的衣服，因为这些衣服是可持续的。”

①紧身衣（American Apparel）
②上衣（旧物）
③半身裙（旧物）
④裤子（在Kleiderkreisel购买的旧物）
⑤短靴（COS，旧物）
⑥女士小包（H&M，旧物）
⑦衬衫（在Kleiderkreisel购买的旧物）

品牌故事：清新、简约、北欧风

安娜·布罗诺夫斯基，26岁 / 朱莉安娜·霍尔茨海默，25岁

创业者、企业负责人

汉堡，威林斯贝特尔

在JAN 'N JUNE，"家庭办公"一词有了新的含义——在安娜的父母移民到迪拜后，安娜和朱莉安娜在位于汉堡北部的安娜父母的家中设立了她们的办公室

汉堡的天气很糟糕，总是阴雨连绵。这里的雨常常让人觉得不只是从头顶落下，而是来自四面八方。这种天气在汉堡十分常见。因此，人们不爱在街上转悠，更愿意待在家里美美地喝杯茶。威林斯贝特尔是一片安静的住宅区，有很多外观差不多的红色独栋住宅。其中一栋房子门前，栽着美丽的蜀葵，而在房子里，安娜和朱莉安娜正在为了当下和以后可持续的时装品牌而努力工作着。

她们二人一起学习了时尚和设计管理，并于三年前共同创办了时尚品牌JAN 'N JUNE。这个名字源于她们的出生月份：一月和六月。许多初创企业会将工厂和办公室设置在市中心，因此自从安娜的父母定居迪拜之后，安娜父母位于汉堡北部的房子就成了JAN 'N JUNE的家。

出于个人的需求，安娜和朱莉安娜提出了创建可持续时尚品牌的想法：她们两个一直追求着一种既朴素又有个性，但又不是为了别人，也不是为了环境而考虑的时尚。她们希望以实惠的价格实现一种公平、生态且有个性的时尚。"有时候，绿色时尚虽然环保，但并不性感。我们想做很酷的绿色时尚。"该品牌的特点是利落、简约的剪裁，以及不过时的单色调。"在我们最新的系列服装中，出现了一些蓝色的衣服，这对我们来说是走向多种颜色的开端。"朱莉安娜笑着说。

这些经过全球有机纺织品标准（GOTS）认证的面料来自印度和土耳其。安娜和朱莉安娜为她们的产品选用有机棉、由纤维素制成的再生聚酯纤维和莱赛尔纤维，最后在波兰一家小型家族企业制作而成，负责项目的裁缝已经在这家企业工作了20年。

朱莉安娜是半个波兰人，她每年都会去这家工厂参观几次。透明性对于安娜和朱莉安娜来说是一个很重要的问题。这就是为什么每一件衣服都有一个节能编号的原因，它可以说明这件衣服是怎样生产的，用什么面料制成的。

JAN 'N JUNE的时装非常朴素、简约，因为安娜和朱莉安娜最喜欢这种风格。“我们只想设计和生产我们自己也想穿的衣服。我们始终都是设计和生产的目标群体。”朱莉安娜如是说。作为品牌的创始人也意味着要做许多不同的工作，除了设计新品外，安娜和朱莉安娜还负责生产制作、财务、产品管理、广告、公关和社交媒体等事务。

除了自己品牌的衣服外，安娜和朱莉安娜还会通过服装交换派对再次“极简”自己的衣柜。这样的派对是再一次彻底整理衣柜的良好推动力。只有穿了很多次、自己喜欢且易于搭配的衣服才值得保留。

在此过程中两个人已经相当简约了，而且不会犯误购的错误。安娜和朱莉安娜的目的是把衣柜里的衣服精简到只剩下那些使用环保材料制作的穿着舒适的衣服。通过打理自己的品牌，她们对衣服以及衣服背后的人和故事的重视也得到进一步加强。安娜和朱莉安娜每天都在体验一件衣服背后到底藏着多少心血、热情、工作和技巧。这可以塑造和改变一个人的购买行为。安娜说：“随着年龄的增长，我更清楚自己拥有什

除了黑色、灰色和白色的衣服外，目前JAN 'N JUNE还出现了蓝色的服装，这些颜色对于她们来说已经非常丰富了

JAN 'N JUNE的风格特点是利落、简约的剪裁。这些衣服常常成为衣柜中最经典的款式

么，哪些是我经常穿、喜欢穿的衣服。”通过JAN 'N JUNE，安娜和朱莉安娜希望创造出受人欢迎、能穿很多很多年的时装。她们年纪最大的一位客户是她们80岁高龄的奶奶。“她有自己的独特风格！”安娜自豪地说。

绿色
时尚先锋

“这是我的天性。我只想拥有那些对我来说非常重要的东西。”

在既没有专业的概念也没有买家时，安雅就已经对绿色时尚很感兴趣了。十多年前，她在波恩开了一家店，出售家具和时装。“这就是如今被人们称作‘概念店’的那家店了。我卖出了不少自己感兴趣的东西，我愿意为此奉献我自己。”安雅说道。除了时装，店里还出售自家加工的家具和家居配饰。安雅喜欢简约的斯堪的纳维亚风格，而且她会在店铺内提供这一类的品牌服装。

经过一段时间后，她开始更深入地研究服装的生产条件和材料。安雅一直在努力建立与各个品牌间的联系，并试图加入其中，但这些品牌对她的想法丝毫不感兴趣。在经历了一些不眠之夜后，安雅决定，重新定义她的店铺的概念。“我是一个极端的人。我想过了，要么我就加入其中，共同进退；要么我就掌控自己，独树一帜。”她开始寻找做得不一样的，能与之产生共鸣的品牌。安雅将她所有的心血都倾注给了这家店。她和不同的人交谈，传播并解释她的理念。安雅成功了，顾客总会一次又一次地回来。

现在，安雅和丈夫定居柏林，并成立了一家绿色时尚品牌机构。安雅的办公室和陈列室位于她家阁楼上，四米多高的空间举架使这一设计成为可能。安雅把这里布置得井然有序。“这是我的天性。我只想拥有那些对我来说非常重要的东西。”

安雅·埃克特

时尚品牌创始人

柏林，克罗依茨贝格

安雅的办公室和陈列室位于
她家举架四米多高的阁楼上

Flavia Aranha品牌是她的客户之一，她在自己的店里也出售过这个品牌的产品。这个来自巴西的品牌使用纯植物染料给面料上色，这在时尚界比较罕见。通常面料的染色会采用许多化学物质，这会对环境和穿上这件衣服的人造成不良影响。Flavia Aranha的制作者尝试了很多次，直到研发出几近完美的染料。通过对植物的研究，染料每次呈现出的颜色也略有不同。因此，每一块面料都是独一无二的。

安雅的私人衣柜里只有几件衣服。“当你从事和时尚有关的工作时，人们会自动认为你肯定有个大衣柜。对我来说恰恰相反。由于我在各种展览会上都有很多选择，导致我对衣物非常挑剔。我衣柜里的很多衣服已经买了好多年，但我还会像以前一样很高兴地穿着它们。我不追赶潮流，但我会发展自己的风格。”安雅这样说。一旦她决定购买一件新衣服，就会非常重视这件衣服的质量和材料的手感。安雅更希望“哪怕只有几样东西，但它们也要有自己的价值”。安雅还对与

她合作的公司的产品提出了同样的要求。她非常重视这些品牌的衣服穿在身上的感觉。她总是会问：那是什么样的材质？从哪儿来？谁制作的？但这是有意识地去问，而不是教条式的。只有当她从自己和客户那里得到满意的答案时，才会接受这个品牌。安雅仍然和十多年前她在绿色时装店里一样，保持着好奇心和挑剔的眼光。

“绿色时尚”是新的时尚

米娅·马里安诺维奇，30岁
公关顾问
柏林，克罗依茨贝格

米娅最喜欢的天然化妆品：

① 遮瑕膏（RMS Beauty）
② 睫毛膏（UND GRETEL）
③ 唇彩（MS）
④ 口红（KORRES）
⑤ 眼影（UND GRETEL）

有些人拥有着这样的笑容：她一笑，仿佛整个人都绽放出闪耀的光芒。米娅·马里安诺维奇就是这样的一个人。在她看来，要想拥有好心情，首先得有一杯冰沙。米娅总是特立独行，做事完全取决于她的兴趣和爱好。

米娅和男朋友杰西住在一间漂亮的旧公寓中，这间公寓位于克罗依茨贝格区，每个角落都摆放着令人印象深刻的DIY物品。厨房里的铜架子和许多系在一起的复杂的流苏花边只是她最新的两个创意项目，目的是在短时间内达到美化公寓的效果。

米娅曾经是一个追求时尚的女孩，得到过“相当糟糕”“疯狂购物”的评价。即使是现在，她

米娅的完美一天从一杯混合着植物牛奶、香蕉和浆果的冰沙开始

也仍然倾心于时尚，对服装搭配十分感兴趣，但是她的焦点已经完全转移。那些穿了几次就丢掉的“快时尚”衣物，已经两年没有出现在米娅的生活中了。如今她在博客中展示的是个人风格鲜明的休闲时尚造型。

“我已经受够了时尚界的快节奏，还有不断购买和展示新衣服所带来的压力。所以我对自己实施了六个月的购物禁令。”这次强迫性的休息使米娅的消费行为发生了根本的变化——从快时尚到简约、可持续的绿色时尚的变化。

“起初我进行了一些探索，才找到自己喜欢的，看起来不那么‘原生态’的东西。但与此同时，又有那么多超棒的品牌。而且会越来越多！”这是米娅在对自己实施消费禁令后第一次这样说，“我现在买新东西时，会注重品质，也会反

① 口红（INIKA）
② 保湿乳（MUKTI）
③ 眼霜（Oliveda）

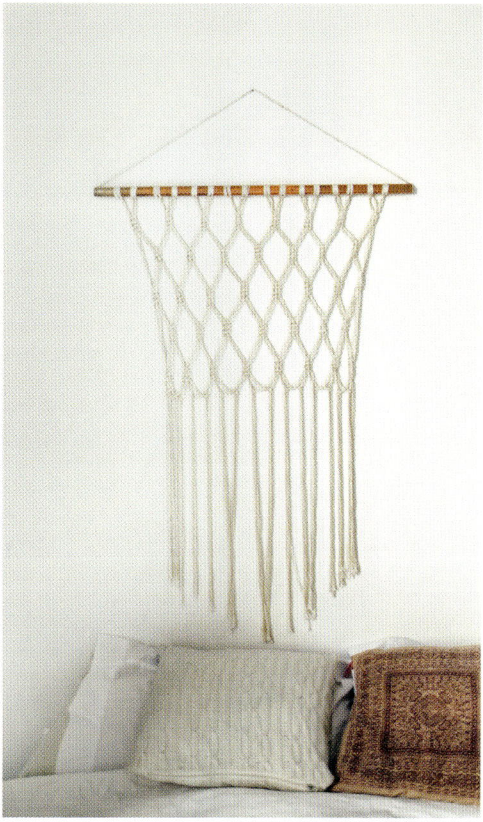

墙上的流苏装饰是米娅自己制作的，
这只是她公寓里众多的DIY作品之一

复思考我该怎样进行搭配，以及我是否真的需要它。”

新的、有意识的时尚交际早已进入了生活中的其他领域。“当你开始思考身边的事物和环境时，你就会有动力坚持这种绿色时尚了。”米娅总是带着帆布袋去购物，不锈钢水壶也是她忠实的伙伴。她的浴室里只有少量的天然化妆品，大部分是她自己制作的护肤品和家用产品，如止汗剂、清洁剂和洗涤剂。在采访结束时，米娅还透露了自己之所以能拥有光滑透亮肌肤的原因：“多喝水肯定对皮肤有好处，用油来卸妆也会收到奇效。”在干燥的脸部肌肤涂上一点儿油，轻轻按摩，然后用温热的湿毛巾擦掉。坚果油或橄榄油这一类尤其合适。

延伸阅读

因为极简，每套搭配都很重要

米娅与一些志趣相投的博主合作，成立了一支“美妆时尚小分队”。这些博客探讨了环保、美妆、慢时尚等主题，向人们证明时尚是可以兼顾经济与个性的。博客内容给人以轻松的感觉，也激发了人们的热情。

At least。每次购买时都要做出“正确”的决定，这并不容易，但丽莎在她的博客At least上建议大家都应该意识到要为自己的购买行为负责任。

Fashion Fika。“Fika”来自瑞典语，意思是“去喝咖啡”。博主安妮在博客上将她对时装的喜爱和高品质的咖啡联系到了一起。

Jäckle und Hösle。博主弗雷尼认为，女性有自由选择的权利：我们既可以喜爱时尚、美妆、旅行，也可以关注可持续发展、女权主义等方面的话题。

Justine kept calm and went vegan。在前文，我们已经介绍过贾斯汀和她的男朋友亚历山大，他们打造了每个季度仅装有33件衣物的胶囊衣橱。

Kunstkinder Mag。安娜和埃斯特尔创办了一份网络杂志，主要针对生活艺术家、时尚人士、都市儿童，专注于对生活的改善。

Mari Dalor。这是来自不莱梅的丽莎-玛丽的博客，其中的主题包括慢时尚、素食和室内陈设。

Nice to have Mag。茱莉亚-玛丽亚和阿格尼斯·宝琳娜的博客主要讨论绿色时尚、美妆、室内陈设、生活方式等一切能让生活更美好的话题。

Noveaux。该博客和同名杂志涉及的主题包括时装、天然化妆品、素食、绿色生活方式以及自制日常用品。

Sloris。来自汉堡的博主维贝克秉承着“放慢脚步、追随时尚”的理念，讨论素食主义、生态保护、社会生活等相关话题。

Stellamina。阿美娜的做法是降低消费，只购买真正需要的东西。她在博客中记录了关于可持续生活方式的内容。

Stryletz。来自汉堡的比娜讲述了自己在简约时尚、素食、简约的室内陈设以及通往公平生活方式等方面的经历。

Subvoyage。这是安娜和朱莉安娜两姐妹制作的网络杂志。她们二人以亚琛和科隆两座城市为基础，记录了现代可持续性生活的相关内容。

想了解更多关于可持续和时尚主题的内容，也可以访问以下博客和电子杂志：

Fairknallt。模特兼女演员玛丽·纳斯曼在博客上分享了她对美妆、个性造型的心得。

Glowing-Mag。这是一本来自科隆的电子杂志，作者密切关注现代生活方式，讲述了如何有意识地体验日常生活的精彩之处。

Gretchens Fragen。除了时装，芭芭拉·厄勒雷尔的博客还讨论了旅行、素食以及女权主义等话题。

Kissen und Karma。斯图加特的科琳娜在服装搭配和布置美丽、环保的家居环境方面有着特别的见解。

Loving Fair。玛丽拥有的东西不多，她喜欢少量但有价值的物品。她在博客上分享了以天然材料制成的时装和护肤品的使用经验。

Made of Stil。卡琳娜和尼科尔关注的是复古时尚、慢时尚、文学和DIY设计方面的内容。

Veggie Love。弗兰西斯卡·施密特的博客主要是关于素食主义者的生活方式，她认为任何人和动物都不该受到伤害，环境也不该遭到破坏。

“买少一些，选好一些，用久一些。”

——薇薇恩·韦斯特伍德

图中的服装来自Alternative Apparel品牌；简约的单肩背包由丹尼斯·罗博尔设计；戒指是Kaligarh的，这是一个来自尼泊尔的珠宝品牌；手镯则来自南美，完全以手工制作

访谈：我们的时尚需要一场极简变革

梅兰妮的座右铭是：支持本地的英雄。她喜欢那些充满爱的本地装饰，如帕尼·尤雷克设计的灯具和桑德拉·肖尔迈尔的壁挂装饰

在米歇尔城和不莱梅哈芬两座城市交界的地方住着一个女人，她拥有汉堡最“漂亮”的抹布。梅兰妮·杰斯克，也被很多人称为梅洛迪·米歇尔伯格，对五颜六色的衣服情有独钟。她会一直穿着这些衣服，直到穿坏为止。之后，这些衣服会被剪成小块儿，然后自然而然地作为抹布开始它们第二段的生命旅程。多年来，梅兰妮始终在家感受着时尚和网络的世界。2016年夏天，她与插画家伊娃·迪特里希共同创建了Trust The Girls网站，这是一个关于女性话题的平台，倡导平等和多样性。我们去梅兰妮的家里拜访了她，和她聊了一些有关时尚和消费的话题。

早上你需要在衣柜前待多久?

只需要几秒。我总会有一件特别喜欢的“每日服装”。这件衣服适合所有场合，无论是晚宴还是会议。

你对五颜六色的衣服的喜爱从何而来?

噢，这也有实际的原因，因为我只穿一体式的衣服。因此，我不会有把各种衣物搭配组合起来的问题。每一件衣服都有它的点睛之笔。

梅兰妮·杰斯克，40岁

编辑

汉堡，新城区

你的衣柜有多大？

我已经没有那么多衣服了，但我的衣服有高品质的，也有一般的。它们可以应付接连不断的活动。如果哪件衣服破损了，我就会把它改成抹布。在一定程度上，衣服完整的一生应该有着不同的阶段和不同的功能。

质量对你来说起到什么样的作用？

我发现，当人们购买高品质的东西时，总是需要较长的时间。我基本上只买我真的觉得特别棒的东西。对我来说，购物不是一种消遣活动。我没有多余的时间，也不愿意在一家店里“泡”上几个小时，不停试穿，最后购买一件不能百分百打动我的衣服。

为什么女性会特别喜欢购买很多“快时尚”的东西？

女性是商业广告最理想的“猎物”。各种广告宣传都在建议我们每年夏天买一件新的比基尼。可我总认为，比基尼可以穿很久，直到它破掉，这样你就可以把省下来的钱存起来，去你想去的地方旅行，例如，可以去湖边享受属于自己的空闲时光！

你如何从消费行为的角度来评价社会的发展呢？

我们的社会正在陷入消费主义的旋涡，人们很少思考消费背后的事情，比如，我们想从这个世界或是朋友那儿得到什么，又或者人们什么都不买也能过得不错。也许你不信，但真的很少有人能做到在不进行任何消费的情况下，度过一段美好的时光。

但是，我认为，这个旋涡还没有到尽头。这种情况肯定还会持续几年，直到真正的破产，人们才会想起其他东西的价值。

什么是肯定会发生的？

可能会发生一场灾难。如果孟加拉的一家工厂倒塌或被烧毁，虽然每个人都会受到短暂的影响，但第二天他们又可以跑去快时尚商店消费。毕竟这样的悲剧对他们来说实在是太遥远了。只有发生会影响他们自身和家人的事时，才会真正引起人们的警觉。这必须首先让人们改变想法，让他们意识到社会与自己已经融合到什么程度，每个人的消费又到了何种程度。

健康的消费方式是什么样的？

首先，我们需要有新的爱好！要有像散步、轮滑、和朋友见面这种能取代喝咖啡、逛街购物的爱好。很多人缺乏这样的意识。商业环境和我们的经济发展都希望未成年人能陷入消费主义圈子。

前几天我的儿子对我说：“妈妈，这广告太愚蠢了。它说：‘即使你已经有了一台电视机，也应该换一台新的。’”然后我对他说，要批判性地看待和质疑广告的内容，这一点很重要。许多小公司无法承担昂贵的广告费、大型的陈列橱窗和高品质的产品展示所需的费用，其他公司也会经常推销一些你不需要的东西。在商场中，只有大品牌的产品才可以放在显眼的地方，从而轻松吸引消费者的眼球，而其他的产品几乎可以说是处于“散养状态”。即使有时候我们看起来是自愿接受一些推荐的，也必须以审慎的态度去判断这个推荐到底有多客观、多真实。中间商也不是免费的，他们必须时时考虑到广告商。我希望看到人们能够尽早地开始理智地对待消费行为。例如，我们必须告诉孩子，我们的食物和衣服从哪里来，正确的做法是怎样的。当我买了一件4欧元的T恤时，这意味着什么？土壤里的种子是如何变成棉质T恤的？这个教育过程显然只能在课后进行，但如果学校能开设一个单独的科目，去引导孩子如何成为一个成熟的消费者，那就太棒了。

持续减少消费行为是否是一种途径？

当然是！大多数人购买的东西都远远超过了他们的需求，而且这些东西很快就会被扔掉，对我们的生活没有任何作用。快时尚是一种病态的体系，它是建立在利用人类、利用环境，以及我们能够被利用的基础之上的！而我们完全没有重视一种情况：那就是当东西都没了，人也都没了的时候该怎么办。

“很少有人能做到在不进行任何消费的情况下，度过一段美好的时光。”

公平、可持续且环保的时尚是可以的吗？还是我们应当为主流做好准备？

前几天有一位好朋友对我说，她买不起质量好的衣服。我是这样回答她的：你什么都能买得起，你只是买不起太多，其实你根本没必要买那么多。买少量优质的产品，这也会让你很开心。

我们需要对伦理和道德有新的认识，需要改变自己的想法。到目前为止，人类还是把自己当成了工作的“机器”。很多人想赚钱，只是为了能够负担得起自己的消费。

是否也会有反向的运动？

幸运的是，我们现在可以共享很多东西：汽车、知识、房子和衣服。这种身份地位的象征正在发生改变。20世纪80年代，你得拥有一辆大轿车才行，而现在，人们却有意识地搬到乡村，在那里不仅不用建造大房子，而且不用坐火车去其他地方就能享受度假般的生活。

电影贴士

《真正的成本——时尚的价格》这部影片展示了低成本快时尚产品产生的后果。整条剥削链展示了快时尚产品是在怎样的工作环境下生产的，讲述了在那些因种植棉花而需要大量水源的国家，当人们口渴时会发生什么。这部影片的导演安德鲁·摩根向人们展示了一个令人心痛的事实：时尚产品是以牺牲他人的利益为代价制造出来的。

可以共享的
“服装图书馆”

宝娜·芬德尔，27岁 / 西克拉·维尔克宁，29岁

创业人

汉堡，罗滕堡

宝娜·芬德尔和西克拉·维尔克宁在科隆上学时就相识了。在合租的第一间公寓里她们体验了开放式衣柜。她们两人都可以自由且无限制地使用另一个人的衣柜。她们相互交换衣服，毕竟对女孩子来说，朋友的衣服总是有着特别的吸引力。

几年后，两人再次站在空空如也的衣柜前，问自己："如果衣服也能像书那样租借，该多有意思啊！"这就是"服装图书馆"这一想法的起源。

2012年，她们以"你有你的风格，你借你的衣服"为宣传语，在圣保利区开了一家小店，后来又搬到珊泽区，也正是在这里，她们的服装消费理念发生了一些改变。"服装图书馆"的基础源自宝娜和西克拉精挑细选出来的自己喜欢的旧衣服。宝娜一直是一个"待在跳蚤市场的女孩"，她也是在跳蚤市场遇见了她的完美搭档西克拉的。

“在跳蚤市场里，西克拉就像一只松露猪。用不上10分钟，她的手臂上就会搭着20件非常棒的衣服。”“服装图书馆”也得到了许多捐赠的衣物，捐赠者希望赋予自己误购的或不会再穿的衣服以新的意义和价值。“我们没有消耗任何生产新品所需的资源。”

为了能接触到德国各地的客户，宝娜和西克拉将她们的业务变成了在线销售。她们的陈列室里存放着3 000多件衣服。在这里，客户可以找到适合所有场合、各种不同审美要求的衣服。宝娜和西克拉还与当地的年轻设计师同可持续的品牌合作，将衣服出借给客户。在客户填写了线上调查问卷后，“服装图书馆”的造型师每月都会根据客户的喜好和对客户穿衣风格的理解选择4套个性化的服装进行搭配，然后寄给客户。她们精心设计的服装预订系统就像是完美衣柜的延伸。它会邀请你试穿，进行新的搭配，找到属于你自己的风格。这个预订系统让人们有信心和勇气去“玩”时尚，在这个过程中没有无聊的回忆，只有短暂的乐趣，而这恰恰是快时尚游戏的特点。

最近，宝娜和西克拉在科隆首次拥有了特许经营权。她们希望这只是一个开始。据说她们还可以提供更多的衣服，包括男装、童装以及用于特殊场合，如外出或冬天运动时才需要的、价格昂贵的衣服。将来，人们应该可以在这里找到各种物品，因为租借将会成为一种新的消费方式。

“服装图书馆”由3 000多件不同的衣服组成，有适合每一种场合和每一种心情的衣服

造型师每月都会根据客户的喜好和对客户穿衣风格的理解选择4套个性化的服装进行搭配，然后寄给客户

“我几乎没有自己的衣服。这是为什么呢？”

延伸阅读

共享即是关爱

据《时代》杂志报道，共享消费是改变世界的十大理念之一。如今，衣服、汽车、自行车、工具、公寓等许多东西都可以交换或者租赁。共享经济一直在不断发展，它将快速消费品转化为可反复流通的商品。现如今，几乎没有什么是不能共享的，甚至牛仔裤也可以出租，工作也可以共享。

MUD Jeans。这个品牌主要做个性化、没有皮革标签的牛仔裤。在该品牌的网店里，你既可以购买牛仔裤，也可以按每月7.5欧元的价格租赁。在一年后，你可以选择继续保留这条牛仔裤，或者是归还给店里，然后换一条新的。本着循环经济的理念，归还店里的裤子会被回收，然后重新加工成新的。这样既减少了废料，又节约了水和资源。

Tandemploy。这个平台上会集了很多想要共享工作的人。想做兼职的人可以通过工作共享平台找到合适的工作伙伴。此外，该平台还为对此感兴趣的公司提供建议和支持，使这些公司的员工能实现灵活、高效的工作方式。因为如果两个有能力的雇员共享一个职位，那么雇主也会因此受益，例如，在其中一位休假或生病时，工作也可以顺利进行。

Stadt，Land，Flow。该网站以“半行半耕”为座右铭，将网站上发布的工作职位与那些希望在脑力劳动和体力劳动间获得平衡的人联结在一起。

MINIMALISMUS

极简主义·健康

KÖRPER

保持健康并不需要太多东西。
良好的饮食习惯、充足的睡眠、
优质的护肤品以及适度的运动，
这些才是金钱买不到的极简主义健康秘方。

极简饮食

一旦在家居和穿衣方面尝试过极简的方式，你很容易就会产生把极简理念应用到烹饪上的想法，在烹饪时，少用糖、油和动物产品，多使用新鲜的植物食材。一些极简主义者往往会选择可以“一锅”解决问题的食谱。这类食物容易烹饪，因为所有的食材都被放在一口锅里制作，菜谱十分简单。由于不需要太多炊具，清洗工作也会迅速完成。素面、清淡的西葫芦面和南瓜咖喱饭，这三道健康的“一锅”菜肴（152~155页）都是绝对的美味。

当然，无论什么菜肴都是在用自己喜爱的新鲜食材烹饪时，味道最好。莉娜·格林（141页）和家人一起打造了一座小菜园，在这座位于城市的菜园中种植蔬菜。她的女儿学会了分辨哪些水果和蔬菜成熟了，甚至知道哪些食物是应季的。插画师皮娅·舒尔茨设计了漂亮的四季日历（146页），可以陪伴我们度过美好的一年。日历的每一页都以不同的风格画着在相应日期可以采摘的水果和蔬菜。

简单护理

与皮肤直接接触的物质会对我们的身体产生影响，这就是为什么极简主义者在选择护肤品时非常注重其成分的原因。天然护肤品和可持续的产品通常深受青睐，因为这些产品中不含微塑料。虽然天然护肤品很好，但很多极简主义者更喜欢使用自己制作的护肤品。这样，他们就能最大限度地控制其中的成分，同时减少垃圾和包装。创意巧妙、便于携带的自制香体止汗剂、牙粉、磨砂膏以及黑麦粉洗发水（133~139页），都只需要少量的材料和简单的步骤就能制作完成，而且其中不含化学防腐剂。

当我们怀着极简的想法进入健康话题时，会马上想到浴室。很多极简主义者使用的浴室用品一般都没有包装，非常环保。读者可以在第124页和第125页找到相关的物品和建议。

简单锻炼

人类在进化的过程中从没有像现在这样几乎整天坐在桌子前盯着屏幕，而且许多人的坐姿也不正确。有研究人员认为，久坐的危害不亚于吸烟。在这种情况下，你也许应该考虑把运动看作一种游戏，这样就能无压力地将其融入自己的日常生活中。例如，你可以从开关灯开始练起，用脚代替手去按电灯开关。公园也是进行一些简单锻炼的绝佳去处。所以，我们需要的不是健身中心、健身设备或者昂贵的运动服，而是一点儿动力和对运动的兴趣（157页）。

少一些

- 购物
- 化妆
- 糖
- 看电视
- 可乐
- 闲聊
- 快餐
- 窝在沙发里
- “宅”在家中
- 争论

多一些

- 自制品
- 笑容
- 水果
- 阅读
- 茶
- 梦想
- 慢食
- 运动
- 外出
- 倾听

极简生活
健康提案

① 洗发皂　　③ 橄榄油皂
② 香体止汗剂

极简主义的身体护理哲学

浴室里的护肤品往往五花八门，常常显得不那么整洁。因为这个行业的商家都试图让我们相信，我们需要很多不同的产品去护理不同部位的皮肤，才能让皮肤健康起来。

糟糕的是，有些护肤品和化妆品的质量并不好，不仅塑料包装的配色不太协调，产品里面的成分就更糟了：其中含有微塑料、防腐剂等各种化学制剂。

微塑料是一些直径不到5毫米的微小塑料碎片和颗粒。化妆品行业一般将微塑料用作黏合剂和填充剂。微塑料对于污水处理设备来说实在是太小了，所以最后会通过出水口流入天然水系。颗粒越小，摄入食物时受到影响的动物种类就越多。目前，科学家在海豹、鱼类，甚至微生物的体内都已经检测到了微塑料。

市面上的美妆产品中最常用的防腐剂是对羟基苯

甲酸酯，有专家认为它会对人体的内分泌系统造成负面影响。还有一些化学物质，如十二烷基硫酸钠，几乎在所有的沐浴露、洗发水和洗涤剂产品中都能找到，它们可能会引发皮疹和脱发等问题。

此外，我们浴室里的东西通常也没有摆放得那么整洁齐，各种没用的产品很快就会堆积起来。请仔细检查一下浴室，看看什么东西可以留下，什么东西可以马上丢掉，怎样布置才能物尽其用。

固体洗发皂

人人都想要一头清爽顺滑的秀发，但极简主义者同时希望还能降低花销和少用包装，于是固体洗发皂应运而生。这种固体洗发皂用起来非常方便，而且比洗发液效果好，还能减少浴室里的垃圾。用洗发皂和我们平时用普通肥皂一样，把洗发皂揉搓起泡后再涂抹到头发上，或者直接用洗发皂轻轻擦拭头发，轻轻按摩头皮，让泡沫短暂停留，然后冲洗干净。固体洗发皂的种类很多，可以满足不同发质和护理目标的需求。

香体止汗剂

每个人出汗的情况不同，喜欢的止汗剂类型也不同。有些人喜欢走珠止汗剂，有些人喜欢止汗霜，还有些人则可能喜欢无包装的固体止汗剂。所有的天然香体止汗剂都有一个共同的特点，不会堵塞毛孔。也就是说，身体自身汗液的降温功能不会被化学产品阻止。汗液本身是无味的，只有当汗液中的细菌进行分解时，才会产生气味。

Lamazuna生产的Festes Deo固体止汗剂使用方便，只要将圆锥形的止汗剂稍稍沾湿，轻轻擦拭干净的腋窝即可。这种止汗剂的效果可以持续一整天，香味闻起来很舒服，也不刺激，是一种非常好的中性止汗剂。由于体形小，可以分装，这种固体止汗剂也是旅行的极佳伴侣。

在第133页介绍了一款非常不错的精油香体止汗剂配方，仅需几种材料，很快就可以完成制作，但效果却能持续一整天。

肥皂

固体肥皂绝对是浴室中的极简主义之王。它是全能型的“选手”：从简单的洗手，到代替沐浴露擦洗身体，再到充当剃须膏、洗发水，肥皂都可以胜任。奶油般的泡沫可以在刮胡子前使用，与苹果醋结合，就可以用来洗头。因此，只要一块肥皂就可以轻松取代浴室里的好几种产品。比较好用的是固体橄榄油皂，它的品质极佳，清洁效果好，可以控油，对敏感肌肤以及儿童的皮肤也非常友好。橄榄油有清洁和滋养皮肤的作用，而且刺激性小，可以缓解皮肤干燥，橄榄油中的不饱和脂肪酸还能促进皮肤的自我调节。

① 棉签　　　　④ 可洗化妆棉
② 手动剃须刀　⑤ 毛巾
③ 月经杯

极简的身体护理工具

棉签

如果可能的话，应该舍弃棉签一类的辅助用品，至少在清洁耳朵时就不要使用棉签了。用棉布清理耳朵要方便得多，因为使用棉签时，棉花头很容易钻进耳道。如果你仍然坚持使用棉签，可以选择纸棒棉签或者有机棉签，而不是塑料棒棉签。

手动剃须刀

在当下，手动剃须刀仍然是为了减少一次性剃须刀所产生的塑料垃圾的最佳替代品。手动剃须刀的刀片只伸出几毫米，因此非常安全，也可以用于身体比较敏感的部位。剃须刀可以拧开，便于取出刀片进行清洗和更换。与一次性剃须刀相比，手动剃须刀不仅省钱，还省包装。你可以通过精心护理剃须刀，尽量延长它的使用寿命。

月经杯

一个女人在一生中平均使用的卫生棉条和卫生巾多达17 000个。这无疑制造了大量的女性用品垃圾，成为严重的生态问题。月经杯可以取代棉条和卫生巾，且它的使用寿命长达10年。更多信息详见第130页。

可洗化妆棉

有人会说，一次性化妆棉没什么问题，它们也是由有机棉制成的。没错，但你要知道，在净水稀缺的地区，生产1千克棉花要使用21 000升水。不仅生产成本高，而且棉花最终不是被制成一件高品质的T恤，只是被加工成一块清洁面部的棉片，还只能使用一次。这是资源的巨大浪费。其实你可以尝试一下可重复使用的化妆棉。它们使用的也是经过认证的有机棉，且其使用方式与普通的一次性化妆棉相同。唯一的区别是它们在使用后不会被扔进垃圾桶，而是可以清洁后反复使用。

毛巾

清洁面部皮肤的时候，可以按照第138页那样，将少许油或者自制的木瓜面部磨砂膏涂在干燥的皮肤上，轻轻按摩，之后用温水浸湿毛巾，小心擦去脸上的油和磨砂膏，不要擦太久。接着在湿润的面部涂上几滴油，进行护理。这种方法给人以一种在浴室里进行水疗的感觉，可以让皮肤快速焕发光彩。

油

最好的护肤品往往来自我们的厨房，因为食品会比护肤品有更严格的要求。真正的“全能王”是冷压油。它能用来护理皮肤和头发，还可以卸妆。对于简单的护理来说，几滴高品质的油足以让皮肤变得丝滑柔嫩。葵花籽油就特别适合。它可以就地取用，吸收起来非常迅速，维生素E含量很高，在牙齿护理的“油拔”法中使用也非常适合。更多信息可见第128页。

极简的牙齿护理法

还有什么能比微笑时露出两排洁白的牙齿更能令人产生好感的呢？以下的建议和工具能让你拥有健康的口腔和洁白的牙齿。

“油拔”法

完美的口腔护理从早晨起床后的“油拔”开始。取一勺油含在嘴里，至少10分钟，最好20分钟，使其在牙齿之间“拉扯”。整个过程可以与淋浴一起进行。细菌会从口腔黏膜中被“拉”出来，溶解到油里。最后将油吐出来，用清水漱口，然后像往常一样刷牙。在漱口之后，你不仅能感觉到牙齿表面更加干净、光滑，而且随着脏东西从牙齿表面脱离，牙齿也会变得更加洁白。适合“油拔”的油有冷压葵花籽油、橄榄油和椰子油等高品质的油。

洁牙片

洁牙片使用起来非常简单：咬住药片，咀嚼，然后像往常一样刷牙就可以了。使用洁牙片后，口腔中会留下淡淡的薄荷味，牙齿也会变得干净、光滑。在我们常用的牙膏中，除了表面活性剂外，还含有防腐剂、乳化剂和稳定剂。洁牙片则不含这些有争议的成分。

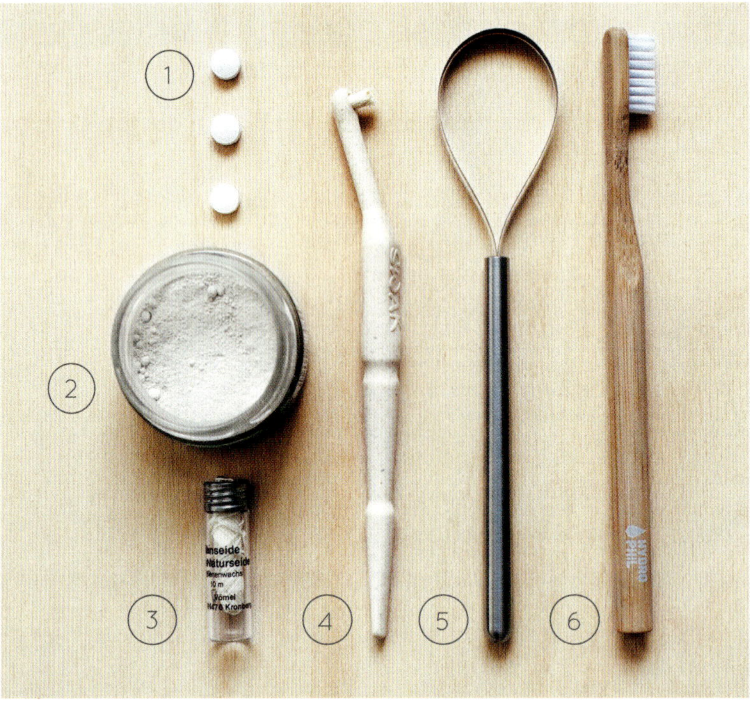

① 洁牙片　　④ 天然牙刷
② 洁牙粉　　⑤ 刮舌器
③ 牙线　　⑥ 竹牙刷

洁牙粉

天然洁牙粉不含氟化物和发泡剂等化学添加剂。这种混合物由碳酸钙、木糖醇和草药组成。粉末能够以温和的方式清洁牙齿，同时兼顾口腔内的基本生态环境，可以持续抑制龋齿病菌和牙周细菌的生长。我们只须在牙刷上加入少量洁牙粉，然后像往常一样刷牙即可。我们也可以使用一些简易的材料自制洁牙粉，具体配方见第135页。

牙线

牙齿间的缝隙是用牙刷刷不到的地方，可以用牙线清洁。因此，使用牙线应该是牙齿护理中必不可少的一步。优质牙线通常由尼龙和可以膨胀的纤维制成，可惜的是无法被生物降解。你还可以选择由上蜡的天然蚕丝制成的可做堆肥的牙线。我们也可以把不易扯断的棉线涂上椰子油，制成牙线。

天然牙刷

千百年之前，我们的祖先用米斯瓦克树小树枝护理牙齿。这种树枝含有许多有价值的护牙成分，如天然的氟化物，有助于固化牙齿；又如钾和钙，可以使牙齿再矿化。现代的天然牙刷将这种树枝与符合人体工程学的手柄相结合，手柄可以反复使用，只有牙刷头需要定期更换。这种小型的抗菌头可以精准地触及每一颗牙齿，彻底地清除牙齿上的附着物。它不会像硬塑料刷毛那样会因压力过大而很快损坏。天然牙刷短而轻柔的刷毛与牙齿的轮廓相适应，甚至会往牙龈下部按压一些，这使得牙齿会被清洁得非常彻底。

刮舌器

我们的舌头表面有许多的凸起，细菌可以在其中繁殖。口腔中大约60%的细菌都在我们的舌头上。因此，清洁舌头也属于口腔卫生护理的一部分，就像刷牙一样。不锈钢的刮舌器可以快速完成清洁工作，而且十分有效。

竹牙刷

刷牙是一天之中极为特别的时刻。牙刷进入嘴中的瞬间，往往是我们一天的开始和结束。因此，如果我们能选择一个环保的方案，也会为我们的生活增加一些仪式感。竹牙刷的手柄是用生长极快的竹子制成的。刷毛来自不含双酚的尼龙，可以彻底地清洁牙齿。

月经杯可以为我们节省金钱和资源

经期护理的工具与建议

月经杯

前面我们已经说过，每个女性一生平均使用的卫生棉条和卫生巾多达17 000个。这耗费了大量的金钱和资源，还会产生很多垃圾。棉条是用棉花和纤维素制成的，通常含有化学物质，它们会使阴道黏膜变得干燥，容易引起真菌感染。使用棉条还有引发一种由毒素引起的休克综合征（TSS）的风险。

相比之下，月经杯是更好的选择。与使用棉条和卫生巾不同，月经杯里的血不是吸进去的，而是接住的。月经杯由医用硅胶制成，使用时间长达10年之久。使用时将杯子折叠，像棉条一样插入，然后使月经正常落入杯中。正确使用后，可以有效地接住血液。月经杯可以在体内停留12个小时，也不会增加使用者患上TSS综合征的风险。在使用前和使用后，只要将月经杯煮沸消毒即可。杯子有不同的尺寸和颜色。对初次使用者来说，底部带有小环或者把手的款式比较合适，这样取出来时要容易一些。取出时，用两根手指抓住杯子然后向下拉，就可以将杯子拿出来了。此后只须将血液倒进马桶，冲洗干净后再次放入即可。有了月经杯，以前那些麻烦的问题也可以轻松解决了。

手机应用程序贴士

现在有一些手机应用程序提供清晰、简洁的月经日历，可以帮助女性更好地了解自己的月经周期以及记录月经来潮期间体内发生的变化。

极简避孕措施

避孕药于20世纪60年代在德国推出，被誉为性自由的象征。而现在，这样的狂欢结束了。性传播疾病和避孕药的副作用，如情绪和体重的波动，血栓形成风险的增加，表明是时候寻找它的替代品了。此外，许多女性不想再让激素使自己的身体长久处于假性怀孕的状态，希望通过自制力来控制自己的情绪、体重和性行为。

有一种无激素的有效避孕方法叫作自然避孕法，也称为自然生育规划法（缩写为NFP。这个名字有一些误导性，因为依靠技术同样可以实现安全避孕）。NFP的珀尔指数（珀尔指数衡量的是避孕失败率，即统计每100名妇女中怀孕的人数。因此这个数字能表明避孕方法的可靠性，数值越低，避孕方法越有效）是0.4，是非常有效的避孕方法之一。NFP的原理是尽可能密切地关注月经周期。为此需要测量基础体温，即每日清晨刚睡醒时的体温，并观察子宫颈黏液的稠度。综合这些数据，如果排卵方式正确，则可以有效预测卵子活跃和不活跃的日子。

避孕套最重要的是安全性，并能给人以“零存在感”的感受。但如果避孕套的种类能多一些就更好了。如包装精美、简约、环保的避孕套。einhorn避孕套由100%天然橡胶制作而成，而且该品牌的公司会将50%的利润用于社会公益事业，如马来西亚的橡胶种植项目和青年教育项目。

einhorn环保避孕套，由100%天然橡胶制成

DIY精油香体止汗剂

一些极简主义者对自制产品有所顾忌，因为他们觉得自己没有一双巧手，有时候也害怕自制产品时需要准备很多工具和特殊材料。本书中介绍的简易DIY方法对每个人来说都不难，仅需几个步骤即可完成。而且配方中通常使用的是厨房里常见的可食用材料。这不仅节约了包装和成本，还避免了传统产品中存在一些化学成分的问题。

早晨一般时间有限，为了提高效率，走珠止汗剂往往是首选。走珠止汗剂非常实用，既不会滴下来，也不会弄脏衣服。但药店里出售的止汗剂通常含有铝，而且都采用了一次性包装。

下面介绍的止汗剂配方通过少量材料很快就能实现。止汗剂中的苏打水可以中和异味，而茶树精油则可以有效对抗细菌。

准备

1~2茶匙玉米淀粉

水（适量）

1~2茶匙小苏打

2滴茶树精油

2滴柠檬精油（或者可以根据个人喜好选择其他精油）

玻璃走珠药瓶

轻松DIY

玉米淀粉加水，放入搅拌器中搅拌，然后煮沸。确保没有形成小疙瘩，否则倒入瓶中以后走珠药瓶可能会被堵塞。然后使其冷却，加入苏打水和精油，搅拌均匀。

自制洁牙粉

洁牙粉是一种非常合适的牙膏替代品。这种牙粉制作快，效果好，能让我们有自信绽放出美丽的笑容。在这个配方中，碳酸钙和细盐颗粒承担了清洁工作。木糖醇可以防止蛀牙，还能提高口感。甘菊可以消毒，缓解牙龈肿痛，消除口腔炎症。鼠尾草也有消毒的功效，还能美白牙齿。薄荷可以杀菌，给人以清爽的感觉。

准备

20克干甘菊
20克干鼠尾草
20克干薄荷
80克木糖醇
100克碳酸钙

贴士
如果要把牙粉作为礼物，可以将粉末分层放在带有软木塞的小玻璃瓶中。

轻松DIY

将干甘菊、干鼠尾草、干薄荷三种草药放进碾磨机细细碾磨，然后与木糖醇和碳酸钙混合均匀，再将混合物放进玻璃容器中即可。

*DIY*身体磨砂膏

自制磨砂膏与简约的浴室完美契合。这种磨砂膏闻起来有夏天和阳光的味道，仿若置身于法国南部的度假胜地。磨砂膏中的细盐颗粒能除去死皮细胞，皮肤可以很快变得柔嫩、有弹性。柠檬配方的磨砂膏还能促进血液循环和淋巴流动，对于消除脂肪粒也非常有效。在用磨砂膏沐浴之后，最好用橄榄油来滋润肌肤。

柠檬身体磨砂膏

准备

2杯盐（海盐或矿物盐）

1杯橄榄油

半个柠檬

1把新鲜薄荷（切碎）

4滴柠檬精油

4滴柏树精油

轻松DIY

柠檬榨汁后切碎。将盐和油在碗里混合，然后加入柠檬汁、柠檬碎、新鲜薄荷以及好闻的精油，混合均匀即可。

在洗澡时，将磨砂膏抹在皮肤上，轻轻按摩，让其在皮肤上停留5分钟，然后擦去并清洗。最后你会得到一身光滑的肌肤。

贴士

磨砂膏中的盐也可以用糖来代替。

咖啡渣身体磨砂膏

准备

咖啡渣

2勺椰子油

轻松DIY

将咖啡机里的咖啡渣与2勺椰子油混合，以画圈的方式涂抹在身体上，停留一段时间后，用温水冲洗。

咖啡渣中所含的咖啡因能促进血液循环。椰子油能滋养皮肤，使皮肤变得柔嫩光滑。

木瓜面部磨砂膏

准备

1根香蕉

半个木瓜

1把燕麦片

轻松DIY

用叉子将熟透了的香蕉与半个木瓜的果肉压成泥并混合在一起。加入一小把燕麦片后将所有的材料混合均匀。将磨砂膏涂抹在脸上，放松10分钟，然后洗净。

不用含有化学成分的洗发水洗头

一些极简主义者会用黑麦粉、摩洛哥黏土、小苏打、桂皮、橄榄油或者洗发皂来代替含有化学成分的传统洗发水。他们为什么要这么做？与含有刺激性物质的洗发水相比，自制的洗发水有许多优点，它可以缓解甚至彻底解决头皮的问题，而且它使用的材料是能够被生物降解的，还节约了成本和包装。许多人反映在使用这样的洗发水后，洗头的时间间隔变长了，因为头皮不再分泌那么多油脂了。

很多人觉得用黑麦粉洗头的效果很不错，这是因为黑麦粉富含矿物质、氨基酸和维生素，经过一段时间的适应后，头皮会得到放松，头发也会变得乌黑、亮泽。

黑麦粉洗发水

准备

1~4汤匙黑麦粉

水

轻松DIY

将过筛后的黑麦粉放入小碗中，加水，用搅拌器混合，搅拌均匀至呈凝胶状、无结块。将黑麦粉洗发水涂在潮湿的头发上，轻轻按摩，停留一段时间后进行彻底冲洗。

洗完头发后，也可以用苹果醋或柠檬汁等再次冲洗。具体操作方法：将2汤匙苹果醋或柠檬汁与500毫升冷水混合，慢慢地倒在头发上。2分钟后进行冲洗或任其留在头发上，等头发干了，醋的味道就会自然散去。

如果想做进一步护理的话，可以在潮湿的头发上滴几滴油，如坚果油，然后按摩头发和头皮，让油脂被充分吸收。

大花园里的幸福生活家

莉娜·格林，40岁 / 格尔达·格林，3岁

摄影师、讲师

柏林，新克尔恩

莉娜和家人在花园里种植西红柿、生菜、南瓜、莴苣、菠菜、黄瓜和洋姜

莉娜开始讲述她四年前是如何偶然来到这个美丽的、还没被开发的花园的："在有机商店里，贴着这样一张不起眼的小字条。"当年，一对老夫妇通过广告为他们的施雷贝尔花园寻找续租客。起初，莉娜觉得"这也太俗气了"。不过很快，莉娜就发现，在这个位于柏林南部新克尔恩居住区的大花园附近，人们彼此相识、互相帮助，但在大多数时候，"每个人都在做自己的事"。莉娜和家人在花园里种植西红柿、生菜、南瓜、莴苣、菠菜、黄瓜和洋姜。"格尔达也爱上了这里。当我让格尔达去摘一个西红柿回来做沙拉时，她绝不会拿一个苹果回来。"追求天然、有机的生活方式，是莉娜一家开始在施雷贝尔花园种植蔬菜的一个重要原因。

在收获的季节，莉娜一家可以在花园里
采摘许多蔬菜和水果

在这个花园里，我们可以看到满满的“自然”：整个花园用储存的雨水进行浇灌，用堆肥、马尾提取物中的腐殖质层或者自制的植物肥料施肥，从不使用人工肥料和化学农药。

花园里的树和灌木几乎都能结出好吃的果子：杏、樱桃、苹果、李子、黑莓和覆盆子。每年夏天，莉娜都会在花园里用野营时使用的小炉子制作美味的果酱。“我会事先将玻璃瓶放在热水里消毒，这样做可以使果酱保存得长久一些。”她的眼中闪动着兴奋的光芒。

施雷贝尔花园里有很多美丽的地方，
比如这个有吊床的角落

城市里的花园

自从有了施雷贝尔花园，莉娜和家人实现了在城市里拥有属于自己的菜园的梦想。在这里你可以玩耍、大笑、追寻梦想。有时莉娜把花园当作迷人的布景，为参加捉迷藏活动的家人和孩子拍照。不过，花园里的主角还是园艺本身。

莉娜的自制果酱

食材

500克新鲜浆果（莉娜用的是从花园里摘的覆盆子）

75克龙舌兰浓缩汁（喜欢甜味的可以多加一些）

1小包食品稳定剂

轻松DIY

事先将带有螺旋塞的玻璃瓶洗净，晾干。将覆盆子洗净放入锅中，加入稳定剂和龙舌兰浓缩汁，混合均匀。慢慢加热，反复搅拌，煮开，然后继续煮上2~3分钟。接下来将果酱装入玻璃瓶中，盖上盖子放至一边冷却。

为盖子罩上布罩，自制的果酱转眼便成了一件小礼物。

延伸阅读

购买当地的绿色应季食材

在我们的超市里，一切应有尽有。但显然，水果和蔬菜的价格要比我们自己种的高许多。而来自田间的自己种的新鲜水果和蔬菜，不需要长距离、长时间的运输。它们不仅味道好，还营养丰富。每个季节的食物都有自己独特的味道。冬天我们可以品尝带着泥土气息的萝卜和白菜的杂烩菜，夏天则可以品尝新鲜的蔬菜和甘甜的水果。

插画师皮娅·舒尔茨的图示型四季日历有助于我们在购物时了解应季的水果和蔬菜。她以不同的风格精心设计了每个月的日历。这种日历非常适合放在厨房里，你可以据此制订早餐计划，也可以在晚上准备美味可口的当地应季蔬菜和水果。皮娅吃素多年，她会避免使用工业甜味剂，还喜欢不断尝试以当地应季食材为原料的新食谱。

四季日历里，每个月份的风格各不相同

书籍贴士

乌特·路德维希与家人居住在汉堡北部，并经营着她的生食料理学校。这所学校拉近了料理爱好者和生食之间的距离。乌特在她所著的《什么是你内心所渴望的》一书中收集了很多不错的生食食谱。

电影贴士

《畜牧业的阴谋》这部纪录片展示了工业和畜牧业对气候、森林、水资源等影响的程度。

《地球上的生灵》是一部批判电影，主要讲述了人类对肉类的消费和对动物的利用。如今，动物在我们的社会中是作为原材料的供应者、娱乐的对象和试验对象而存在的。这部纪录片的旁白是动物保护者杰昆·菲尼克斯。

在德国，每年有超过5 000亿只动物被宰杀。《肉食的真相》是一部关于肉类和奶制品的电影，已经有很多人因为这部电影开始拒绝动物产品了。

盘子里的夏天

马伦·穆勒，28岁 / 托马斯·阿德勒，35岁

摄影师、设计师

柏林，阿德勒斯霍夫

阿德勒斯霍夫，许多人只知道这是位于去往舍内费尔德机场路上的一个人烟稀少的轻轨站。一年前，马伦和托马斯带着他们的狗“Cat”在市郊找到了属于他们的天堂——一座带着美丽花园的小木屋。

马伦热情地告诉我们：“我们以前住在新克尔恩的一间小公寓里。可当我们第一次看到这栋房子时，我们立刻确定下来，就是它了！”他们从这里开始计划旅行，并于2015年创办了网络杂志《城市帐篷》。“如果当下没有令人兴奋的蓝色吉普车旅行，那就把屋顶帐篷支在花园里吧。”托马斯说：“我们几乎整个夏天都睡在室外，就像去旅行一样。”

花园里有几棵漂亮的老果树和几个花坛，让这两位摄影师兴奋不已。马伦说：“我们必须先摸索园艺的活儿。”而托马斯说：“自己收获的食物，味道总是特别好！”无论旅行还是在家，马伦和托马斯都是“一锅”食谱的忠实粉丝。马伦说：“我们喜欢能够快速烹饪的简单菜肴，有的食材是我们直接从花园采摘的，有的是我们出门时从当地市场买回来的。”托马斯则笑道：“我们都希望能快点洗完碗碟。”马伦和托马斯很开心能够自己种植蔬菜。但是，私人花园并不是获得当地应季水果和蔬菜的唯一途径。对于解决蔬菜和水果不够新鲜的问题，这里有一些好的建议提供给大家。

夏天的时候，马伦和托马斯喜欢在他们的花园里露营

这只名叫Cat的狗每次都会选择去冒险

苗圃租借

如果你想亲手收获新鲜的蔬菜，但又没有精力和时间去照顾一个菜园，你可以租一块苗圃。

在德国，当种菜的季节开始时，这类苗圃就会由专业人士种上20多种蔬菜。接下来苗圃的租户可以在此之上耕作、浇水、收获。这种苗圃在德国很多地方都有出租，共有两种尺寸。45平方米的适用于单身人士和情侣，90平方米的则适用于家庭。一些公司还在德国各个城市提供40平方米预先种植、经过生态有机认证的蔬菜园，以供出租。

预订“绿箱子”

不擅长园艺工作的人，完全不必担心买不到当地新鲜的水果和蔬菜。购物的最佳场所始终是集市，这里的所有东西都是新鲜的，而且几乎都是无包装的。在德国，许多农场和农贸市场也会在预订系统中提供“绿箱子”。这是一个找出当季有哪些果蔬，并使用箱子内的食材制作出创造性菜肴的好方法。

形状怪异的蔬菜

许多形状怪异的蔬菜都会在收获时直接被挑拣出来，根本不会被运到商店里。一些人会受到这种影响，对那些有点儿歪歪扭扭、不符合“标准”的蔬菜嗤之以鼻。德国ETE-PETETE团队与农民合作，将这种形状怪异的蔬菜，连同与箱子内应季食材相搭配的食谱一起送到德国各地。还有

整整一箱富含维生素的食材，自己亲手种植的食物总是更加美味

“在露营时，你会再次主动享受生活中的那些小事。”

团队专门销售这种形状怪异的水果和蔬菜。

分享食物

“食物共享”网站（foodsharing. de）拯救并重新分配了德国和奥地利过剩的食物。个人、零售商或者生产商可以在这个网站上免费提供和收取本来要扔掉的食材。拉斐尔·费尔默也加入了这个项目的开发，他经历了好几年的经济困境，并在这期间写了一本书：《没有钱也可以很幸福！——我如何在没有一分钱的情况下生活得更好、更环保》。

“一锅”包含所有的快乐

自从玛莎·斯图尔特发明了简单的意大利面食谱，一场“一锅”运动就轰轰烈烈地开始了。这并不奇怪，因为只要把少量食材扔进一口锅里，用不了多久便可以得到美味的一餐，这实在太诱人了。

“一锅”面条

食材

洋葱
橄榄油
胡萝卜
西蓝花
西葫芦
辣椒
茴香
芹菜
柠檬
西红柿
大头菜
甜菜
大蒜
盐、胡椒粉
面条
香菜

轻松DIY

将洋葱切块，加一些橄榄油放在锅里炒。将其他蔬菜切成小块放入锅中，加入柠檬汁。倒水，用盐和胡椒粉调味。煮大约15分钟后，加入面条。自制面条只须在沸水中煮3~4分钟。最后撒上香菜末点缀。

"一锅"食谱非常适合野营。将所有食材放进一口锅里，在野营用的小炉子上蒸煮，用不了多久便可以说：开饭了！在日常生活中，"一锅"食谱也是救命稻草。无论是在下雨的星期天，在所有的事情都必须快速处理的一天，还是有客来访的一天，我们都更愿意在桌边与来访者聊天，而不是独自在厨房里忙碌。

但是，并不是只有意大利面可以用这种方式烹饪。美味的饭菜也可以用一口锅快速完成。

自己动手做意大利面

食材

250克面粉

150克粗粒小麦粉

1茶匙矿物盐

4汤匙橄榄油

160毫升水

轻松DIY

将面粉、小麦粉和盐放在一个大碗里混合。再加入橄榄油和水。用叉子从碗的边缘向内部搅拌。揉面10分钟，将面揉成面团，盖上布，静置半小时。

用擀面杖将面团擀薄，切成想要的意大利面的形状。将面条倒入汤中煮熟食用。也可以直接晾干保存，待日后食用。

“一锅”西葫芦条

食材

1个紫洋葱

2瓣大蒜

2~3个西葫芦

1个半樱桃番茄

橄榄油

盐、胡椒

罗勒叶

坚果

轻松DIY

在锅中加入少许橄榄油。加入切碎的洋葱和大蒜，以中火炒熟。把西葫芦加工成条状。接下来，将西葫芦条和西红柿加入锅中，用盐和胡椒调味。不时地进行搅拌。几分钟后，等西葫芦条可以咬得动时就做好了。

将西葫芦装进盘子里，用新鲜的罗勒叶和坚果点缀，然后就可以尽情享用啦。

“一锅”南瓜咖喱饭

食材

1碗米饭
1小块南瓜
1个洋葱
1瓣大蒜
绿色蔬菜少许
1个柠檬
2汤匙咖喱粉
500毫升蔬菜汤
橄榄油
盐、胡椒粉

轻松DIY

在锅里加入少许橄榄油，洋葱切碎倒入锅中翻炒，再加入切碎的大蒜和南瓜，以及米饭，小炒一会儿，然后倒入蔬菜汤，没过所有的食材，煮开。5分钟后，加入绿色蔬菜以及调料。盖上盖子煮至锅里的汤完全煮干。柠檬对半切开，将其中一半挤汁浇在米饭上。剩下的半个柠檬切块，作为点缀。

极简锻炼

柏林人将弹弓称为“Katschi”，史蒂芬用它打树上的栗子和橡子

史蒂芬说：“总是坐在办公桌前，会让你变得又胖又笨。”一年前，他辞职前往格林纳达旅行了4个月，旅行途中只带了一只手提包。“尽管我想随身携带的东西还有很多，但在旅行时，你会发现你真正需要的东西其实很少。”史蒂芬在这趟旅行中瘦了20千克。这是怎么做到的？他会停下来，强迫自己去做运动。“如果运动是写在日历上那样强制性的安排，就没什么难度了。”在旅行中，他看到了斯蒂芬·杰普森的一个视频，这更加激励了他。当我们想起小时候玩耍时能让我们开心的东西，我们就很容易获得健康和快乐了，74岁的杰普森仍维持着极佳的精神状态，这就是最好的例子。史蒂芬在充满趣味性的运动中又发现了新的乐趣。他爬树、滑冰，把他能找到的东西都当成玩具。他很自然地把运动和锻炼融入日常生活中。例如，他会用脚来操作电灯开关，玩开关灯的游戏。史蒂芬还用弹弓打房子周围树上的栗子和橡子。他喜欢和朋友希巴斯丁一起玩。希巴斯丁是一名私人教练，非常重视持续的整体训练。

“我们不需要空气污浊的健身中心，也不需要昂贵、复杂的健身器材来保持健康。实际上，我们只需要一些动力、一个公园以及一个最好的朋友，而对于我来说，这些都已经有了。”

史蒂芬·德克尔，37岁 / 希巴斯丁·格雷纳，29岁

艺术总监、导演 / 私人教练

柏林，潘科、弗里德里希斯海因

希巴斯丁和史蒂芬在这里展示了他们最喜欢的运动方式，可以锻炼到整个身体。重要提示：在运动前务必提前做好准备活动。最好先在公园里慢跑一圈，做一做伸展运动。

跑步是最简单的运动之一，随时随地，穿上运动鞋就可以出发了。如果你觉得群体运动的氛围会给你带来额外的鼓励，还可以加入一个跑步小组。例如，柏林有背包跑步者小组，汉堡有潮汐跑步者小组，而在慕尼黑则有城市跑步者小组。

下面为大家介绍一些不需要器械的锻炼项目，十分简单且有效。

“再见，姿势性损伤！再见，腰酸背痛！”

爬行

从手脚着地开始，抬起一只手臂以及与这只手臂呈对角线的腿，向前移动一步。上身始终保持与地面平行。这种简易的运动提升了身体中心的稳定性，并锻炼了肩胛带和臀部之间的协调性。根据希巴斯丁的说法，爬行为躯干肌肉提供了微调的机会。

跳跃

站在矮墙前方，双脚开立，与肩同宽，稍微调整手臂和腿的角度，收紧肩胛骨。从站立的位置跳到矮墙上。要注意跳跃的方式：首先，脚掌着地，然后膝盖弯曲；接下来伸直双腿，从墙上跳下来，落地时要尽可能地轻。继续重复前面的动作。这样可以锻炼腿部、躯干的肌肉以及弹跳力，同时也提升了身体的灵活性和稳定性。

俯卧撑

俯卧撑可以在楼梯上进行训练。通过撑在不同层数的楼梯台阶上改变训练的强度。厉害的人可以在不同的变化中反复进行。如上图所示，当上臂与地面平行时，将膝盖顶向手肘处。

阶梯“滑冰”

这项运动可以训练腿、臀部和身体的协调性，还能促进心血管系统的功能。方法如下：依靠右腿支撑站立，将左腿移至右后方。左臂向前抬起，指向右侧，右臂向后抬起，尽量抬高。右脚跳起，左脚落下。在此过程中，通过右脚挪至左脚后部来防止晃动。手臂跟着一起运动。如图所示，右臂向后抬起，指向左脚，左臂前抬，为另一条腿的下一次跳跃提供动力。

史蒂芬以玩耍的心态去运动，他爬树、滑冰，把他能找到的东西都当成玩具

VWTU

手臂张开呈V形，拇指向后伸，然后肘部下沉形成W形，将手肘最大限度拉至后下方。张开双臂形成T形，然后双臂上举转为U形。每个姿势保持片刻，并将整个过程重复练习几次。在所有的训练步骤中，都要收紧肩胛骨。VWTU动作组合可以锻炼肩膀，伸展胸部，改善我们的身体姿态。

深蹲

希巴斯丁建议：“我们应该每天花几分钟做一做深蹲运动。这实际上是一个非常放松的休息过程，但70%的人都做不到。”在这个练习中，脚跟要时刻紧贴地面。深蹲有助于活动脚踝关节，改善臀部肌肉的紧张状态。

冥想

呼吸和冥想练习是每一项训练的完美收尾。每次运动完成后都应该进行冥想。因为我们的训练不仅仅是身体上的，也是心灵上的。

步骤：跪坐在脚跟上，闭上眼睛。肩膀放松，通过鼻子吸气，腹部鼓起，呼气时，腹部收回。呼吸练习“4—5—6—7”可以帮你放松：吸气4秒，屏息5秒，呼气6秒，屏息7秒。每一次呼气时都有意识地放松身体，放松大脑，减少忧虑。

延伸阅读

极简主义者为什么只喝白开水

超市里的饮料大多不利于健康，除了一次性塑料包装，它们还含有大量不健康的成分，如糖、色素和防腐剂。我们不需要通过经过加工的饮料来解渴。最好、最简单的饮品就是家中的白开水。

人体大部分由水组成，因此我们一天内需要大量的水，尤其是大脑，这样才能使它良好地运行。只有当我们喝的水足够多时，我们才能变得健康、做事高效，皮肤也会因此显得细腻而富有弹性，光彩照人。水是真正抗衰老的秘密武器，它能促进我们的新陈代谢，并将营养物质运输到身体各处，帮助我们排出体内的毒素。

自来水是德国测试最为严格的生活品。对自来水的要求要比超市里的瓶装水更严格。塑料瓶具有明显的缺点：里面所含的塑化剂会进入水中，改变水的味道，降低水的质量，同时还会影响我们的健康。如果家里自来水的味道不怎么好，可以给水龙头安装一个高品质的滤水器。滤水器可以过滤掉水中的悬浮颗粒、重金属、农药以及石灰。对于多喝水，这里有4条建议。

1. 早晨例行“公事”：起床后第一件事是喝500毫升水。也可以在水中加入生姜或柠檬。

2. 买一个好看、实用的水瓶，随身携带。强烈建议使用玻璃瓶或金属瓶。

3. 在家中放一个漂亮的大玻璃瓶，摆在我们随时都可以看到的位置。由于时时都能看到，这会提醒我们该喝水了。

4. 让水“活”起来。加入一些水果或者是新鲜的药草会让自来水的味道更加清爽，看上去也比较诱人。

MINIMALISMUS

极简主义 · 生活方式

LIFESTYLE

培养极简生活方式需要我们从小事入手，
把自己从多余的物品中解救出来。
但是，别忘了我们最终的目的——
让极简意识成为本能。

让“少一些”成为一种生活态度

清理行为很容易成为一种生活方式。如果我们能像考古学家一样，耗时耗力地去“挖掘”我们的物品，以及我们的曾经，那我们对待消费和新事物的态度就会变得非常挑剔。可替代的物品和新价值观将会代替消费。在想要买新的东西时，我们会仔细考虑，自己想要的究竟是什么。极简主义改变了人与物品之间的关系以及人们对待金钱的态度。

我们不是用金钱来支付，而是用时间

在贾斯汀·汀布莱克参演的科幻大片《时间规划者》中，金钱并不是货币，时间才是。人们的前臂上戴有一个电子显示屏，可以用来支付时间，并随时查看剩余时间。这听起来很恐怖，但我们的现实生活的确如此。每一次我们购买东西，站在柜台前付的钱，都是我们用时间换来的。

我们可以想想自己会用宝贵的时间去做什么，去买一套空间没有得到充分利用的公寓，去买不曾穿过的衣服，还是去买那些放在架子上积灰的物品。

为了进一步了解个人经济状况并控制消费，我们可以选择计算自己的小时工资，从而获得对物品实际价值的现实估计。此外，建议大家通过记账本或者是手机上的收支应用程序来记录和观察你所有的收入和支出。

> “太多人在花着尚未挣到的钱，买着不需要的东西，
> 只是为了给并不喜欢的人留下深刻的印象。”
>
> ——威尔·罗杰斯

自己动手不仅省钱，还很有趣。安娜自制环保洗涤剂的配方可见第199页

HYGIENE

每张发票都是一张“选票”

每花1元钱，我们都要决定将这1元钱交给哪家公司、哪个品牌以及哪件产品。每一次消费，我们都会塑造世界的一部分。如果我们买得少，而且更有目的性，那我们就能有意识地去支持高品质的商店和品牌。例如，位于柏林的无包装的原生态商店。这是一家为极简主义者、零废弃者以及那些喜欢购买不会产生垃圾的产品的人所开的商店。在这里，你可以买到600多种没有包装的商品。它的创始人是米莱娜·格利博夫斯基，她开这家店的初衷是因为她希望她家附近能有一家这样的店。

零废弃

那些想在生活中减少多余物品的人，很快就会遇到废弃物的问题，并会尝试减少垃圾，尤其是一次性塑料垃圾。这也就是为什么许多极简主义者对零废弃这个话题感兴趣的原因。西亚和苏汉诺是这个领域中真正的专家：他们将一年里共同产生的垃圾放在一个玻璃瓶里。两个人还特地寻找和购买了无包装的物品。西亚和苏汉诺用在秋天收集的栗子制成洗涤剂洗衣服，并在厨房里放了一盒专吃腐食的蠕虫。此外，他们还有很多关于零废弃生活方式的小建议（175页）。

我们真正需要的有多少

简约的生活方式也对传统社会的规范和期望提出了质疑。

例如，西亚和苏汉诺搬进了两室公寓，因为他们认为这是他们一直以来的期望。但结果他们发现公寓太大了，他们希望能在小房子里生活。因此，能进行自给自足生活的房车，对于他们来说是最完美的选择。更多在小房子里生活的人的故事可见第201~205页。

西蒙周游世界时只带了一个小行李箱和一个双肩包。现代化的船屋是他在柏林的临时住所

如果我们能从他人的期望所带来的压力和约定中解放出来，转而倾听自己内心的声音，我们可能会发现自己想要尝试一种完全不同的生活。就像安娜·舒克和马库斯·沃纳一样。他们从城市搬到了乡下，现在和五只羊以及两只猫一起住在勃兰登堡的一个农场里（191页）。

对有些人来说，极简的生活方式为他们带来了改变。他们卖掉自己的东西并捐赠了所有的财产，在不同的住所中过着“移动”的生活。就像西蒙·斯塔克那样，他旅行了数月，一直“住”在他的行李箱中。在经历了亚马孙丛林中的阿亚华斯卡之旅后，他决定要去环游世界，去所有召唤他、吸引他的地方。他现在住在柏林的一座船屋里（207页）。

时间的价值

极简主义者重新认识到了时间的价值并对此十分重视。作家蒂姆·厄班在个人网站上展示的内容，说明了人的一生是多么的短暂而珍贵。生活中少了那些多余的东西，就多了更多的空间和自由。以前常被忽视的时刻和经历会突然有意识地被感知和重视起来。而注意力和感恩之心也可以通过简单的练习来训练（188、189页）。

玛德琳·阿里扎德也简化了她的生活，并重新规划、利用自己的时间。她早期痴迷于快时尚、化妆和快速消费，但在今天，她的生活变得十分朴素：用黑麦粉洗头，外出也更喜欢乘火车而不是飞机。极简的生活方式转移了她的注意力。玛德琳开始在许多社会问题方面投入巨大的精力，如难民、政治问题以及动物保护等。（213~217页。）

零废弃的生活方式可以避免大量垃圾的出现。有些人会将一整年的垃圾都放在一个玻璃瓶里

开启零废弃之旅

许多人在开始尝试极简生活时，就会开始减少衣物、化妆品、劣质用品以及垃圾。这就是为什么极简的生活方式往往会将人引向一种环保的零废弃生活方式。在这里，我们不应该从字面上去理解“零”这个字。完全不产生垃圾几乎是不可能的，但这并不重要。这种方式更多地是培养我们的意识，看看我们可以丢弃什么，又可以保留什么。德国人平均每天制造1.7千克的垃圾。以这种方式堆集起来的“垃圾山”，尤其是其中的一次性塑料垃圾、电子设备垃圾和食物垃圾，很多都是因为没必要的消费而产生的，也是我们的环境无法承受的。

许多简单的行为都可以引导我们走向零垃圾的生活，然后我们可以一起去做一些大事。零废弃生活方式女王贝亚·约翰逊为此开发了5R系统。

减少生活垃圾的第一步是分析现有的垃圾。当我们找出哪些消费行为和产品会产生垃圾时，就可以相应地做出改变，去寻找更为可持续、可重复使用的产品，或者是自己制作一些东西。

5R

1. 拒绝（Refuse）
   ↓
2. 减少（Reduce）
   ↓
3. 重复使用（Reuse）
   ↓
4. 回收利用（Recycle）
   ↓
5. 堆肥（Rot）

① 拒绝潜在的垃圾（如袋子、传单、免费赠品、名片等）。

② 减少环境污染和产生垃圾的一次性产品的消费（极简主义者米莱娜在半年内只买了一袋薯片）。

③ 尽可能重复使用物品，经常回收再利用。依靠可重复使用的替代品，修复损坏的东西。

④ 减少、再使用以及修理后仍然积压的垃圾，会被回收利用。

⑤ 厨房垃圾可以变成优质肥料，有了这些肥料，我们可以给植物施肥。

极简生活与最少的废弃物

西亚，33岁 / 苏汉诺，34岁

零废弃专家

波鸿，格贝尔区

西亚和苏汉诺的垃圾都装在一个小玻璃瓶里。一个德国普通公民平均每年产生617千克垃圾，相比而言，这堆垃圾的体积更让人吃惊。两个人始终依照着零废弃的原则生活，在避免产生垃圾这一方面做得很成功。但想要完全达到“零”垃圾，即使是西亚和苏汉诺这样的专家也无法做到。这就是为什么西亚说用“最少的废弃物”这一概念会比较合适。在苏汉诺的家里，他们总是尽量避免产生垃圾，即使有例外，也会将垃圾的数量保持在最少。苏汉诺说：“当我想要吃香蕉时，我还是会纵容自己一下的——因为香蕉上面会粘着贴纸。要达到生态平衡，还需要走很长的道路。”这种贴纸会被放进玻璃瓶里，与其他无法避免的垃圾一起成了“问题垃圾”。除了贴纸还有收银小票。它们看起来无害，但热敏纸通常都涂有双酚A。双酚A是一种存在于塑料中的化合物，是一种工业化学品，对体内的激素平衡有着负面影响，可能会引起糖尿病、肥胖症、不孕不育以及生长障碍。研究表明，这种物质在超市收银员的血液中的含量偏高。因此，这些收银小票不应该进入可回收废纸的行列，而应该进入纸张循环系统。在德国，打印小票并非商店的义务。因此，西亚和苏汉诺更喜欢在可以不打印小票的商店里购物。

总的来说，西亚和苏汉诺会关注许多小事，而这些小事加在一起就会产生巨大的不同。去餐厅吃饭时，他们会提前退掉餐巾纸和一次性吸管，与此同时，他们会拿出随身携带的不锈钢吸管。购物时，两个人会更喜欢无包装的商品，也会有针对性地寻找那些已经有一些小瑕疵或者是外形怪异、没人愿意购买的水果和蔬菜。而对于带有包装的物品，他们只会购买放在玻璃瓶或者是可回收纸包装里的那些，以避免产生塑料垃圾。有机垃圾会被放进装着蠕虫的盒子里，被蠕虫分解，成为堆肥。西亚和苏汉诺使用可携带的环保袋和不锈钢罐子，并始终带着自己的手帕、餐巾纸和筷子。他们几乎从未使用过“随行咖啡杯”。相比之下，他们更喜欢对自己说：让我们休息一下，在宁静的咖啡厅里享受咖啡吧。

西亚和苏汉诺尽可能购买散装的商品，并把它们装进自己随身携带的袋子或容器中

以“最少废弃”的方式进行储存：购买无包装的商品，并将它们放置在玻璃瓶中。这样可以看得很清楚，防止浪费食物

西亚和苏汉诺已经完善了他们这种“最少废弃”的生活方式。不过他们二人并没有满足的感觉，他们认为仍然有许多可以进一步提升的空间。没有什么是完美的。他们总是从小事开始。西亚说：“不要等找到所有的解决方法才开始行动。这就是改变我们心态的途径，但这只是开始。”她建议从简单的事情开始，一步一步来，其他的可以留待以后再做。比如，学一门语言，并不是从复杂的句子开始，而是先学习简单的单词。

西亚和苏汉诺是很多可持续、无包装消费者的榜样。在博客Wastelandrebel和《零废弃——少一些垃圾》一书中，西亚描述了她几乎不产生垃圾的生活。人们对她生活方式的反应往往是积极而充满好奇心的。但两个人也会经常听到有人说他们的方法过于极端。苏汉诺说：“我们认为这种生活方式应该是正常的，一个现成的比萨，它的配料分别产自30个国家，这才是极端。”而西亚则说：“当剥削成了一种常态，就是极端。”西亚和苏汉诺向人们展示了减少生活中的大部分垃圾是可行的。他们希望人们能够意识到，人类并没有足够的资源去进行生产。从长远的角度来看，西亚和苏汉诺想要改变和重新定位整个系统，使之走向可持续和有意识的消费。

从四年前开始，他们就按照零废弃的方式，在很多地方过着极简的生活。他们整理了很多东西，从大量的物品中脱离了出来。如果可能的话，他们会把一些东西交给那些能充分利用它们的人，这一点很重要。苏汉诺这样描述：“出于某种原因，我拥有了这些物品，那我就有责任好好地安

“我们认为这种生活方式不是零废弃，而是最少的废弃。”

西亚和苏汉诺利用盒子里的蠕虫将生物垃圾变成了堆肥

顿它们。我既然已经犯了错误，就应该承担，现在我必须确保它们在别人手里能实现它们的意义和价值。”再利用是零废弃生活方式的重要支柱之一。物品的减少也会给我们带来整洁和清晰的感觉。“在我看来，所有的东西，例如，我随身携带的书，书中内容在我的思想中，也在我的记忆里。当所有的东西都离开我时，它能给我带来一种轻快感，这让我觉得很好。我现在拥有的只有正在使用的物品，或者正在读的书，之后它们就会被送回图书馆或是送给别人。”

西亚和苏汉诺住在波鸿市中心一间明亮的60平方米的两室公寓中。但这间公寓对他们来说实在是太大了。此前，他们两个人长期居住在一间19.5平方米的一室公寓内。那是苏汉诺的学生公寓，后来西亚也搬了进来。这间公寓没有

西亚和苏汉诺使用的护肤品几乎都是用很少的材料自制的，如止汗剂、发胶和漱口水

这就是苏汉诺每周购买的东西——大量的新鲜水果和蔬菜，没有加工食品，也不会产生垃圾

厨房，所以他们就把以前的工具间改造成了小厨房。苏汉诺说："在小厨房里做饭的时候人得站在走廊上。"

"这很有意思。"西亚表示，"我们不会遗漏任何东西。但不管怎样，没有人在拜访我们时会因为这间公寓太小而受到影响。在19.5平方米的空间内，两个人住刚刚好。可惜的是，我们不知道在什么时候被我们的父母和社会所左右了。"在此期间，西亚和苏汉诺看到了社会的态度和期望，认为毕业后应该搬进大公寓，如果他们有一份好的工作，就应该选择一间更大的公寓。这也是他们在日本时感受到的，毕竟西亚和苏汉诺在那里生活了一年，两个人住在36平方米的公寓里。西亚和苏汉诺梦想在未来能住在一间20~30平方米的小房子里过上自给自足的生活。

博客贴士

西亚在德国是绝对的零废弃女王，从她身上我们可以学到很多东西。她起初通过一些简单的步骤，去接近零废弃的生活方式。当时，贝亚·约翰逊给了她很大的鼓舞。

零废弃之家。贝亚·约翰逊是第一个零废弃的博主（zero-wastehome.com）。她向人们展示了零废弃的家庭生活可以很轻松、很简单地实现。

住在纽约布鲁克林的劳伦·辛格在她的博客中表示，零废弃的生活方式即使是在纽约这样的大都市也可以实现。

西亚和苏汉诺喜欢购买那些带点小瑕疵的蔬菜和水果，因为愿意购买这样的蔬菜和水果的人很少，价格自然便宜

每年秋天，西亚都可以从公园里收集到可供一年使用的制作免费洗涤剂的栗子

DIY栗子洗涤剂

准备

栗子
精油
搅拌机

轻松DIY

将收集来的栗子洗净放进搅拌机中打碎。将小栗子块摊开、晾干。在清洗之前倒入干栗子粉（每次70克），加温水，静置5分钟，然后将液体通过滤网倒入洗衣机的洗涤剂盒里。如果你喜欢的话，还可以添加几滴精油。

米莱娜的“天然无包装”商店

米莱娜·格利博夫斯基，26岁
创始人、经营者
柏林，克罗依茨贝格/新克尔恩

在“天然无包装”这家商店里，顾客可以从实用、卫生的储存罐中取出干货，如麦片、大米、扁豆、菜豆等，然后放进随身携带的容器里。如果你忘了带玻璃瓶或者是袋子，还可以在店里立刻买一个或借一个

米莱娜最喜欢滑着滑板在克罗依茨贝格和它附近的新克尔恩之间来回奔波。在克罗依茨贝格的维也纳大街上，有一座很有名的格尔利茨公园，米莱娜的商店“天然无包装”就开在这座公园的旁边。这是德国第一批可以购买无包装商品的超市之一。这里提供大约600种商品，包括谷物、面条、糖果、水果和蔬菜，还有一些卫生用品，如牙具、竹牙刷、洗涤剂以及肥皂。液体产品，如油、醋和果汁被装在须支付押金的瓶子里。普通超市里的东西在这里基本上都能找到，但这里没有烦人的包装。店里的规矩也十分简单：顾客们须自带袋子和容器，可以自行盛装放置在大型储存容器中的商品。自携容器的自重会通过秤来计算。零废弃人士会用记号笔将重量写在容器上。如果你忘了带容器，或者突然决定前来，也可以在这里买或者借一个容器。

“我们的顾客中有很多的零废弃者和极简主义者。”米莱娜如是说，“她们也很喜欢店铺简洁的风格。”事实上，在“天然无包装”这家店闲逛，对于我们的眼睛来说也是一种小小的放松。在这里，我们关注的不是传统超市里那些俗气、难看的包装，而是商品本身。这家店非常重视本地产品和有机产品。干货，如麦片、大米、扁豆正在排着队等待被分装进大存储瓶中。这些瓶子不仅卫生、实用，而且很有趣。“光临商店的人来自世界各地，很多人会来看看如何轻松地购买无包装的商品。”与此同时，许多别的德国城市也有无包装的商店，而且这一潮流正在不断蔓延。零售业中过去增长缓慢的连锁店也在慢慢地迎头追赶，在许多城市开始禁止使用塑料袋之后，更多的无包装商品也被纳入了它们的进货计划之中。

米莱娜的商店位于维也纳大街，紧邻格尔利茨公园

米莱娜家里的东西不多，她也几乎不冲动消费。她总是购买二手家具和衣服。食物和一些生活用品来自她自己的商店，护肤品和一些清洁用品都是她根据配方自制的

这里有600多种商品，基本囊括了传统超市里的商品种类

我们希望有机和无包装能很快成为一种标准。根据德国联邦环境局的数据，2014年德国人共产生了1 780万吨包装垃圾。而传统超市中的大部分商品至今都是用塑料包装的。近几十年来，全世界塑料产量大幅增加，目前已达到每年311吨。在西欧国家，每年的人均塑料消费量非常惊人，达到了136千克。其中只有一小部分可以被再利用。因此，如果从一开始就避免产生这些塑料垃圾，情况就会有所改善。

当米莱娜被问到为何她在三年前只有23岁的时候就有勇气开一家自己的店时，她自信地回答道："因为我知道它一定可以顺利运作。"米莱娜和她的合伙人在2014年举办了一场非常成功的众筹活动，活动发起一天后，就筹集了20 000多欧元。这一巨大成功的秘诀在于米莱娜了解自己的需求，也知道自己为何而发声。她有绝对真实的个人生活经历，在半年内，除了买过一袋薯片，她始终遵循着简约、零废弃的原则生活着。这种轻快与便利吸引了她，打动了她。米莱娜自然也是自己店铺的忠实消费者，她的衣服几乎都是二手的，她会使用竹子做的卫生纸，用可持续品牌Fairphone生产的智能手机打电话，并且自制牙膏、止汗剂和洗涤剂。米莱娜说："你必须成为自己的目标群体，然后才能实现自己的理想。"

“五分钟日记”是一种流行的日记方式，能帮助我们关注生活中积极的事物，践行感恩。通过日常联系，我们可以训练大脑去欣赏生活中的美好瞬间

“一项好计划”是一本日历，它不仅可以记录我们的日程安排和任务，还能在日常生活中提醒我们要积极、主动地参与生活

延伸阅读

注意力与感恩之心

米莱娜拼尽全力创立了她的无包装商店“天然无包装”。在此之后，她还创立了“一项好计划”项目，设计了专门的日历。这本日历不仅可以记录我们的日程安排和任务，还能在日常生活中提醒我们要积极、主动地参与生活。

以下的建议和练习能帮你提高日常生活中的注意力：

单一任务。一次只做一件事，有意识地去感知你正在做的事。例如，与爱人通话的时候不要晾衣服。

我的时间。每周至少应该有一次约会。应该将这次约会与其他的日程安排一样记录在日历中，然后期待着它的到来。

什么都不做。无论在工作中还是在闲暇时间，我们往往完成一个安排之后就奔赴下一个，疲于奔命，我们总是通过社交媒体相互联系，进行娱乐。学会有意识地什么也不做，这一点很重要。

享受。有意识地准备好饭菜，安静地吃完。有意识地品尝每一口。重要提示：要坐下来吃饭。

倾听。对面的人说话时，我们要集中精力倾听。

冥想。每天五分钟的冥想能改变我们的感知，改善我们的情绪，提升我们的注意力，帮助我们远离负面情绪。关于冥想的建议可见第211页。

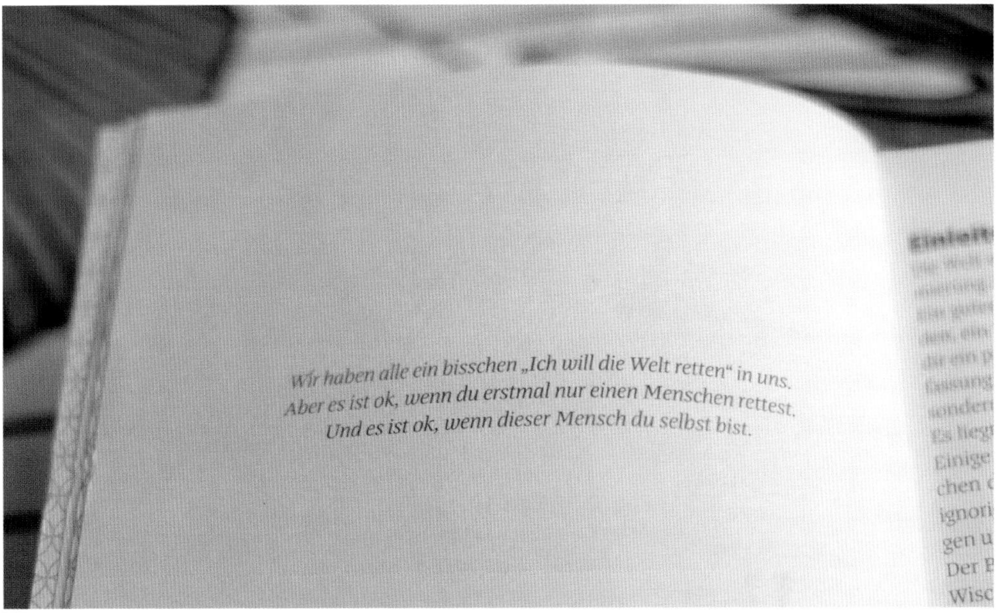

"忙碌的日程远不等于充实的生活。"
——库尔特·图霍夫斯基

感恩之心。我们的幸福感和满足感并不取决于发生在我们周围的事，而是取决于我们如何看待事物。往往是那些细小的事情会让我们的生命变得更有意义。练习在早上和晚上停下来，反思、记录，对发生的事情表示感谢。

当我们留心我们走过的这个世界，往往能更好地感知到身边那些积极美好的事物，并专注于它们。从长远来看，这会让我们更加快乐，更加满足。每天只要花五分钟在早晚进行简单的练习，就能培养出我们的感恩之心。

早晨例行"公事"

早晨醒来后，不要直接下床，而是拿起床头柜上的书和笔，回答下面的问题：什么让我感恩？我该做什么才能让这一天变得与众不同？在此过程中，我们应该专注于积极的事物，为美好的一天打下基础。

例如，"我是……"（在这里填上对自己的积极的肯定，让这句话鼓励自己一整天。）

晚间例行"公事"

在入睡前，可以回顾一下白天的经历并回答下面的问题：今天发生了哪三件大事？今天有哪些事我还可以做得更好？通过反思的过程，我们可以在大脑里形成秩序，获得积极控制和计划自己的生活的美好感觉。

准备一个漂亮的笔记本作为个人的感恩日记。例如，"五分钟日记"，你甚至可以把"每天快乐五分钟"做成一本书。

访谈：从田园生活中学习

安娜·舒克，35岁 / 马库斯·沃纳，35岁
新闻工作者 / 摄影指导、导演、摄影师
勃兰登堡

勃兰登堡，这里并不是柏林的郊区，而是一个联邦州。歌舞团艺术家雷纳德·格雷贝岑曾经写过一首关于它的歌曲，通过“远离勃兰登堡”的歌词，展现了城市人口外流的现象所带来的困扰，年轻人成群结队地涌入城市，寻找工作、爱情或者冒险。

但总有逆势而为的人。像安娜和马库斯这样的都市青年，开始搬离城市，在乡村的风车和牧场间寻找属于他们的天堂。

安娜和马库斯带着五只羊和一只猫已经在农场生活了一年。他们离开柏林，回归乡村。德国的村庄看起来都差不多，并不丑。村庄中间有一座小教堂，铺满鹅卵石的街道两旁只有几栋房子。我们穿过一条乡间小路，经过一组风车，就到了他们那个美丽的家。

以下是一段对他们关于极简主义、可持续发展和时尚态度的访谈。

你们为何会产生搬到乡下居住的想法？

安娜：我一直认为有一个能和自己喜欢的人生活在一起的地方非常棒。我早就有了退出朋友圈的想法，但我从未想过一定要住在乡下。我想说，这是一件自然而然的事。看到这栋房子时，我们就知道，我们想要这么做。

这架秋千是马库斯送给安娜的生日礼物

这是一场测试吗？还是说你们确定了想要过乡村生活？

马库斯： 这是一个发展的过程，是我以前所没有的、非常特殊的经历。我们原来都是生活在城市里的人，现在的生活给我们带来的经历是非常宝贵的。

安娜： 这对我们来说是一份很好的礼物。我们都清楚，能完成这个梦想的人非常幸运。我们将通过自由职业回馈勃兰登堡，回馈我们所生活的社会。

马库斯： 简单来说，就是“我们想看一看现在这么做感觉如何”。我们来看看会发生什么。每周我们都会检视自己有没有错过或遗漏什么。我们让生活简单地行进，并对此充满感激。

你们在这里错过了什么？

安娜： 我们在这里很“闭塞”，有时候会错过节日，或者错过某个新开的咖啡馆。偶尔我们也会想要回归城市。我们热爱城市空间和它带给我们的灵感，也热爱那里的人们所拥有的能量。

你们生活在这里，会有很多访客吗？

马库斯： 非常多！当他们来到这里时，我们也会非常享受。

安娜： 人越多越好！我们非常开心。我们一直说，随便来，带着朋友一起来。但请带上毯子，因为我们提供不了那么多。在这里就像在家里一样。朋友来的时候就会带上毯子。没有人会说：“不，我介意住在乡下。”情况恰恰相反。

我认为“住在乡下”是相当了不起的经验。我在这里认识了很多不一样的人，了解到在城市之外的世界里我所拥有的东西、可以去的地方。我总觉得这是一件很神奇的事。有时，我站在草地上，觉得有点儿难以置信，我现在居然是个在乡下拥有房子的人……

乡村生活是怎样改变你们与物品之间的关系的？

安娜：我的消费观改变了。消费如今已经被别的活动所取代。在对农场进行整体翻新时，我们都没有购物，因为没有时间，我们一直在做事。马库斯发现我只穿过一条牛仔裤和两件T恤。现在我也不买衣服了，因为这对我来说已经不再重要了，这是我以前完全无法想象的事。我强制自己休假一年，坚决不购物。如果休假之后我仍需要些衣物，我会尝试买二手的。我认为有很多种可能性，并不是说“疯狂的复古”，而是在汉堡或柏林的跳蚤市场，可以找到不错的，看起来时髦又漂亮的衣服。时髦、漂亮，这对我来说非常重要。

马库斯：我在城市和乡村之间进行了观察，结果很有趣。有些是在城市中存在的标准。例如，你的裤子卷到多高，或者是你穿什么牌子的运动鞋。所有的这些标准，只在城市中存在，会有很多人通过感受从属于你的东西来判断你。这些在乡村则行不通。我在柏林有20双鞋，但在这里，我更喜欢光着脚走路。

安娜：在这里我几乎不化妆，什么时候都是素面朝天的。我想我对自己的外表非常有自信。

马库斯：这些都是为了跟随潮流而产生的压力，哪怕你拥有的一切都是相同的。现在我

安娜和马库斯打算自己种菜，向着自给自足的方向前进

看到自己和潮流之间保持了一定的距离，这让我感到很开心。潮流会不断地给我带来新鲜感——现在我可以远离这些，再也不用去处理这一切了。例如，就时尚而言，我会选择永远经典的款式：牛仔裤和白T恤。这并没有什么错。但我还是会将牛仔裤卷得很高，因为我的标准是我自己定的。这就是为什么我们支持慢时尚运动的原因，我们不会追随所有的潮流，而是选择一个来自本地设计师、价格要高一些的品牌，目的是让衣物可以穿得久一些，频率高一些，也让自己更加重视一些。做出少买东西的决定是因为我有一种感觉，多余的物品无法给予我满足感，反而会让我厌烦。

安娜：你可以用你已经拥有的东西展示出合乎时代潮流的风格，也不会被嘲笑。

马库斯：在这里，你会需要潮流以外的东西，也会重视这些东西，完全用不着追赶潮流。

哪一个想法是最先出现的？乡村生活还是你们网站的同名杂志《一刻钟/向前》？

安娜：我和马库斯都曾经在短时间内经历过很多的事情。那时我们只是需要休息一下。在休息期间，我们产生了要在农场生活的想法，不久后又产生了创办网上杂志的想法。马库斯在某一时刻说出了他认为他需要新的榜样这样的话。那时我们就意识到人们需要这样的榜样。我们希望能带领那些走上新道路的人继续前进，如那些推崇慢时尚、推广有机农业和可再生能源的人。还有那些知道如何做并且可以为我们详细说明的人。我们的目标群体是那些有着更好的意识的城市青年。这就是为什么我们在个人网站上说，希望与读者一起学习。这就是我们真正的想法。

自制产品起到了什么样的作用？

马库斯：我对产品和生产它们的公司非常挑剔，也会仔细地查看产品的成分。明年我还想学习如何自己种蔬菜。自制产品所带来的益处是买来的物品远不能比的。我们可以在任何时候在十家不同的公司购买任何东西，但我们失去了参考。我想看看番茄真正成熟需要多久。

安娜：实现自给自足是一个非常不错的目标。这也是我们搬进这栋房子的一个原因。也许有一天我们会变得更加独立。当你开始自制产品时，你会发现这是多么便宜、简单、方便，超市里有些商品的价格根本不合理，只是通过广告和包装来突出它们的价值。

“我们希望能带领那些走上新道路的人继续前进。”

“动物是我的朋友，我不吃我的朋友。”——萧伯纳

有一种新的意识正在出现吗？

安娜： 谢天谢地，是的！和我们一样，现在很多人都在寻找宁静和自然。有机产品开始进入传统的药店和超市。这是一个很好的开始。

马库斯： 我们总是会问：东西从何而来？如一把塑料勺子，你拿起它，用它来搅拌咖啡。但如果你了解它的制作过程，你就会知道这把塑料勺子是用石油制成的，你可能会换一把金属勺子。

安娜： 或者可以把手指洗干净放在杯子里搅拌一下，然后舔一舔，但这与你良好的教养相悖。所以，垃圾其实并没有消失，只是去了别的地方。

马库斯： 可持续发展还有很长的路要走。在购买东西的时候考虑一下：这件东西我能不能借用？我一定要消费吗？可持续性的原则性问题是消费主义。我们必须成长，必须进步，否则商业系统就会崩溃。

安娜： 现在说到了悲伤的部分。

马库斯： 极简主义也是反消费主义的。如果我们拒绝消费，一双新运动鞋都不想买，那我们就是激进的革命分子，是在反对整个商业体系。我们必须成为好的榜样。毕竟，我们最后只会将排放的二氧化碳转移到对我们来说产生它的地方。

安娜： 极简主义可以带来快乐，促进我们对于时代精神的理解。我认为保持良好的心境是非常重要的。所以我们的网站叫作“一刻钟/向前”。我们还有一刻钟，我们还可以做很多事，我们的玻璃瓶才装了一半。

书籍贴士

《自我思考：反抗指南》，作者哈拉尔德·韦尔策。

“我们不需要新设计，只需要老配方！”

安娜的环保洗涤剂

传统的洗涤剂往往会损伤皮肤和环境，还要花钱，而这种自制洗涤剂物美价廉，而且是有机的，清洗效果极佳。

准备

1升水
20克钠皂
5~10滴香精油
5汤匙小苏打（可用4汤匙洗涤碱代替）

轻松DIY

把钠皂擦成丝儿，滴入香精油。将水煮沸，加入钠皂丝儿，用搅拌器搅拌，直到钠皂全部溶解。当混合物冷却后，加入小苏打，继续搅拌，最后放入玻璃瓶内保存。每次清洗时，根据衣物的污渍情况，加入2~4勺即可。

房车
改造住宅

特蕾莎·施泰宁格和克里斯蒂安·弗兰塔尔的会面，把幻想变成了未来的住房模式。

故事是这样开始的：起初，特蕾莎在维也纳开了一家小型广告公司，克里斯蒂安是她的客户。在一次见面时，克里斯蒂安向特蕾莎讲述了他关于自给自足住房的想法。特蕾莎与克里斯蒂安一拍即合，她成了这个计划的第一个粉丝。回想起来，这就是房车改造住宅想法的诞生。他们已经建成了第15座房车住宅，人们对此的兴趣愈发浓厚，现有的产品已经很难满足当下的要求，许多人进入了排队等候的名单。

对于特蕾莎和这个十人团队来说，房车改造住宅不仅仅是一家公司或者是一个产品。这是他们传达给奥地利人的一种生活理念：少即是多！

“我们问自己，未来的住房应该是什么样的。我们的世界正在发生巨大的变化，如气候变暖、资源浪费。怎样才能让所有人过上与自然和谐相处的好日子呢？”

房车团队相信，这是可以做到的，但需要大胆、创新的方式。近几十年来，普通家庭中出现了很多不合情理的变化。一方面，家庭规模从4～5个成员减少到1～2个；另一方面，在过去的30年里，居民的平均住房面积都增加了一倍。

特蕾莎说：“于是我们开发了房车改造住宅，来证明这是可能做到的。”

特蕾莎·施泰宁格，26岁

经理

维也纳，6区

房车改造住宅是一个25平方米大的空间。在车内，你完全可以自给自足地生活，住宅配有污水处理设备、生态型厕所和集中供暖设备。“在房车内，你会感到非常舒适。你不需要与外界联系。对于极简主义者来说，房车是一个相当完美的家。”特蕾莎笑着说，“这对那些想要追求自由和极简的人来说，也是很合适的。”他们的客户拥有各种不同的背景，包括单身人士、夫妻、三口之家以及老人，他们觉得自己的房子太大了，不想再看管那么大的生活空间，希望通过简单的小房子重新获得宁静、有序的生活。又或者是那些生活在当今复杂的世界里的人，因为发生了太多事而深感不适。许多人已经失去了与周围事物沟通的能力。他们每天的生活从漫不经心地选择衣物开始，到吃晚饭为止，往往只是在门与门之间来去匆匆。每件物品的价值都在降低，不会再被欣赏。房车改造住宅和极简的生活则抵消了这一点，让生活回归本质，这是一种伟大的力量，为的是能重新找到人生的意义所在。

房车改造住宅的绿色屋顶，可以用来处理雨水

“房车改造住宅是一种充满了哲学思考的概念，说明了‘少即是多’这个理念。”

房车改造住宅是一个25平方米的空间。在车内，你完全可以自给自足地生活。住宅配有污水处理设备、生态型厕所和集中供暖设备

对于特蕾莎来说，极简主义首先带来的是自由。因为简约的生活方式意味着少了一些责任与义务。但对特蕾莎而言，最终的自由首先带来的是自给自足。因为你知道自己需要的东西很少，这样就可以自己准备一些需要的东西，以减少对行动的限制。房车中自给自足的生活为特蕾莎在解决自由、可持续和独立生活等问题时提供了很多优秀的方案。

特蕾莎自己目前并没有住在房车里，但她在思想上已经准备好迎接即将到来的迁移。“我剩下的东西已经很少了。我几乎一年四季都穿着皮夹克。我还有一块意义重大的手表。此外，我还喜欢与他人分享，从中获取很多关于社会和生活中合作的建议，而不是财产和消费方面的。通过极简主义，物品获得了更多的价值。”

每座房车改造住宅都是独一无二的。如果可能的话，他们只使用当地的可持续原材料。资源会被谨慎利用，得到专业的对待。例如，房车的大部分木结构材料来自当地一家制材厂，该制材厂使用方圆30千米以内的木材做原料。室内的羊毛地毯是在瓦尔德区一座老农场里手工制作的。特蕾莎下一个大型项目也已经蓄势待发，她还想在不久之后和团队一起搬进房车里居住。

杂志贴士

《奥斯卡》是特蕾莎房车团队的杂志，展示了可持续的自给自足的生活。

书籍贴士

《瓦尔登湖》，亨利·戴维·梭罗的经典作品。

1845年，28岁的作者回到了位于马萨诸塞州偏远森林里的瓦尔登湖边，想要体验远离所有文明、与自然和谐相处的生活。他这种激进的自我尝试已经成为另类生活中的经典。

今天在这儿，明天在那儿

西蒙·斯塔克，40岁
环球旅行者
柏林，鲁门斯堡

找到一个合适的“萨满”（指一些原始部落中的巫师）需要一点儿运气，因为有很多骗子。西蒙就很幸运。他前往秘鲁旅行，在经验丰富的萨满的陪同之下，在亚马孙雨林中体验了部落的“死藤水仪式”。数千年来，这里的萨满一直在用咖啡树和藤本植物的叶子来制作这种叫作“死藤水”的迷幻汤剂，并将这种味道古怪的药水作为仪式活动的一部分。在部落里，死藤水主要用于治病。不过这种药水也会引起幻觉。这里的原住民相信，在这种状态下，他们可以实现祖先的愿望，也可以预知未来。这个仪式被看成他们净化身体和心灵的过程。西蒙在雨林里举行的仪式上喝了这种汤剂后，在大约8个小时内都处于精神错乱的状态。

西蒙说：“我产生了幻觉。在整个看上去无休止的仪式中，萨满一直在唱歌跳舞，还向我吐口水。”

这种特殊的迷幻经历给他留下了深刻且持久的印象。在去秘鲁之前他从没有过这样的经历。自那以后，他开始带一只行李箱和一个双肩包环游世界，游览各种吸引他的神奇的地方。

在船屋上，设计和自然和谐地融为一体

其中一个地方是柏林。十年前，西蒙在柏林住过半年。那时的他是一名企业顾问，只往返于酒店和办公室之间。在这座城市中，他什么景色也没看见。西蒙一直梦想着能住在船屋里。当他在网上发现位于鲁门斯堡海湾的船屋时，一切都变得顺理成章了。西蒙说："我对它一见钟情。我在这里感觉自己身在大自然之中，这种感觉真好，从这里骑自行车进城需要15分钟。"在微热的夏夜里，西蒙会睡在外面的露台上。当天气变凉时，船屋里发出嘶嘶声的小炉子可以为他带来温暖和宁静。

到现在为止，西蒙已经在外旅行两年了，他从吉利群岛出发，在一个新年的前夜乘飞机去往欧洲，飞越了7个时区。然后他去了秘鲁的马丘比丘、印加圣谷，最后回到欧洲。接下来，西蒙在日本的禅寺里度过了冬天。"那里的条件很艰苦，没有暖气和热水。"此后他又去了洛杉矶，从那里到了巴厘岛。现在西蒙计划待在柏林，至于下一站，他计划去冰岛看极光。在此之后，还有墨西哥的亡灵节在呼唤着他。

西蒙会驾着独木舟探索周边地区

接下来西蒙想去布宜诺斯艾利斯学一个月的探戈，最后再回到秘鲁。这是他大概的计划。但这次旅行的真正目的是享受旅行本身。西蒙想通过这次休息让自己从所有的事情中脱离出来。

对于西蒙来说，带着轻便的行李去旅行，这是一个过程。许多年前，他就开始走上了圣雅各之路。通过朝圣者们背着自己物品的经历，西蒙感受到，当你不需要太多东西的时候是多么自由。在整个旅行中，西蒙没有一次惦记过家中箱子里、柜子上和橱柜里摆着的东西。在走过圣雅各之路后，西蒙开始彻底整理和舍弃他用不到的东西。“能看到人们的满足是一件好事，这些东西对别人来说有着不同的意义。”到今天，除了行李，他只有一些与情感有关的物件，如相册和信件，这些都是他和母亲住在维也纳时留下的。

西蒙的消费行为正在发生改变。“当你快乐的时候，你就不再需要很多东西了。”说到精简物品，西蒙并没有很教条主义，他并不喜欢规则，不依赖顾问和极简主义者的博客，也不会特意去确定他的物品的数量。相反，他只会跟随着对他来说正确的感觉。

西蒙现在没有固定居所，但他感到很自由。“我其实一点儿都不喜欢搬家。”他所想象的未来生活是，有一个地方，可以和朋友在一起，也可以让他继续旅行。也许是在葡萄牙，因为他喜欢那儿的人、食物以及人们的生活态度。又或者是在柏林，因为他在这个城市实现了一个梦想。“柏林有着令人难以置信的创新氛围，有很多很酷的、疯狂的人。它就像一块强力磁铁。通过和这里的人接触，我感受到他们是积极、开放、热心、友好并且有个性的。你可以在这里过你想过的生活，而不会被人批判，也不会被束缚在一个框架里。这让我非常惊讶。”西蒙爱上了这座城市。他在短时间内结交了很多朋友，这种感觉就像是在家里一样。

延伸阅读

为获得清晰的头脑进行冥想

几千年来，人们一直从冥想中获取安宁和力量。心灵的练习可以帮助我们集中注意力，头脑变得清晰，从而远离我们烦乱的思绪。经常冥想的人会大大受益：经过证明，冥想可以帮我们减轻压力，克服烦躁，激发创造力，还可以改善睡眠质量。

幸运的是，每个人都可以学习和使用这项技能。

我们需要区分不同形式的冥想，被动的和主动的。例如，每天只需几分钟，就可以将步行冥想融入日常生活中。你只需要比平时提早下车，有意识地多走一些路。一步接一步地挪动双脚，去感受今天的环境和当下的每一步，并将精神集中在你的呼吸上。禅宗大师一行禅师在他《步行冥想》一书中，带着我们想象了花朵在土地上生长的每一步。

西蒙喜欢清晨在船屋的露台上练习被动冥想，这无论在家里还是在野外都可以做到。保持一个放松的坐姿，闭上眼睛，将精神集中在呼吸上。当思绪出现的时候，“看”着它，让它随意地移动，就像是天上的云一样。这种对我们思维和感受不作评价的观察有助于我们更好地适应与理解内心的世界。精神病学专家、精神病科医生维克多·弗兰克将由此产生的清晰和自信描述如下：“在刺激和反应之间，有一个空间。在那个空间里，我们有力量选择自己的反应。而我们的反应则展现了我们的成长和自由。”

清晨，西蒙喜欢在船屋的露台上进行冥想

真正重要的到底是什么

玛德琳·阿里扎德运营着自己的博客。她的博客是奥地利最成功、传播范围最广的博客之一。几年前，她的博客中还主要是关于时尚和服装的帖子，但很快就发生了变化，从快时尚变成慢时尚、素食、零废弃和极简主义等主题。

玛德琳一直对社会经济问题非常感兴趣。她从16岁起就加入了相关协会和非政府组织。她还在短时间内学习了政治学和民族学。2010年，当她开始写博客时，这对她来说只是一种爱好，那时候的她完全想不到这个爱好后来的发展程度。而现在，写博客成了她的一份工作，并随着影响范围的扩大为她带来了相应的责任。玛德琳说："然后我意识到，进入社会后，去快时尚商店消费或去一家公司工作对于我来说实际上不太合适，所以我进行了彻底的调整和改变。"*i-Tüpfelchen*是德国电视二台拍摄的一部纪录片，讲的是关于孟加拉的皮革厂的生产行为给人类皮肤带来的伤害。

玛德琳离开了那些与她的理念和价值观不一致的合作伙伴。她觉得自己必须赶快找一份工作，因为她认为自己不会再在博客上赚到钱了。她觉得："这些内容很小众，没有太多的人会读。"但事实并非如此，玛德琳也觉得这是非常幸运的。大多数读者对新话题非常感兴趣，表示积极支持。当然也存在一些例外，但这些例外已经离开，而许多新加入的读者则开始探索这些主题。新的目标群体可能会更加成熟、更具有批判性一些，但不论怎样他们都是非常积极的，并且喜欢进行有建设性的交流。玛德琳说："例如，我所

玛德琳·阿里扎德，26岁

影响力人物

维也纳

© FOUR PAWS | Bogdan Baraghin

玛德琳在为加沙的动物保护组织“四爪动物协会”协助兽医工作

轻松旅行：玛德琳旅行的时候只要带一个行李包就够了

只要有机会，玛德琳旅行时都会选择乘火车，
甚至长途旅行也不例外

撰写的用黑麦粉制作洗发水的文章，是博客中阅读量最大的博文之一。我收到了大量关于这篇文章的评论。”符合玛德琳博客新定位的环保品牌，也开始关注她，表示想与她合作。

对玛德琳来说，独自一人工作首先意味着自由。自由决定着她想做哪些工作，想在哪里工作，以及想写什么文章。极简主义这个主题对玛德琳的影响很大。“虽然这听起来平淡无奇，但对我来说，少即是多。少一些东西，代表着少一些烦恼，多一些时间，多一些快乐，也多一些幸福。”

玛德琳在她生活的方方面面都秉持着极简的理念。伴随着各种尝试，她已经逐渐过上零废弃的生活，并减少了超过70%的垃圾。特别是在衣服、旅行和废弃物方面，她极为注意。她喜欢买二手衣服和市场上无包装的水果、蔬菜、散装食品，而且她总是随身携带着水杯。在餐厅里，她会提前退掉餐巾纸和吸管，认识客户时用手机翻拍名片，在旅行时也会使用电子登机牌和电子车票。如果在咖啡馆和卫生间里只有纸巾的情况下，玛德琳更愿意在别人看不到的时候，在自己的裤子上擦下湿漉漉的手，这样干得也很快。

正是日常生活中细节的变化才会使人变得不同。自从减少了生活中的物品后，她与物品间的关系就发生了根本性的变化。与此同时，她不再把物品与情感捆绑在一起，因此会比以前更容易和物品告别。

极简主义也让玛德琳更加关注自己的时间。玛德琳说：“我们都没有时间，这是‘千禧一代’的共同问题。”也正因为时间宝贵，玛德琳才不会把时间花在她不喜欢做的事情上。“你拥有的东西越多，就得花越多的时间去维护它们。因此，拥有的东西少意味着你有更多的时间去做真正重要的事。”玛德琳也是这么做的：她喜欢旅行，喜欢学习新事物，喜欢为人类、动物和环境做点事。今年，为了“四爪动物协会”，玛德琳飞抵加沙，目的是从被称为“世界上最残忍的动物园”中解救动物。她的动力来自“想保护对我来说最重要的东西”。动物和人类的命运对她来说比物质财富更重要。

玛德琳希望自己能够负担起作为人类角色的责任。对她来说，告诉年轻人主动参与环保、提倡极简的行为要比盲目消费更酷，这一点很重要。

书籍贴士

《我解放了》讲述了罗伯特·林厄姆的工作方式、消费习惯和他的绝望。

AMIGAS

致谢和图片版权

感谢乌尔斯、海克、海因茨和扬·托尔本。

特别感谢我结识的那些有趣的人，感谢他们给予我灵感，让我完成了这本书。

莉娜·雅赫曼

莉娜·雅赫曼，作家，创意总监，出生于汉堡，在柏林生活和工作。多年来，她一直在探索生活方式和时代精神的主题。在《极简生活家：极简主义生活指南》一书中，她通过对数位极简主义者的采访，提出了一种可持续的极简生活方式，让每个读者都可以从中受益。

马伦·穆勒

马伦·穆勒，本书摄影，生活在柏林的自由摄影师。她出生于爱尔福特，曾就读于魏玛包豪斯大学。2015年，她和男友托马斯·阿德勒共同创办了网络杂志《城市帐篷》。